[EXE]RCICES GRADUÉS

SUR LA

GRAMMAIRE FRANÇAISE

ACCOMPAGNÉS

DE L'EXPOSÉ DES RÈGLES

PAR

M. GALLIEN

Ancien Professeur de grammaire à l'École normale de Versailles

DEUXIÈME ANNÉE

LIVRE DE L'ÉLÈVE

PARIS

AUG. BOYER ET CIE, LIBRAIRES-ÉDITEURS

49, RUE SAINT-ANDRÉ-DES-ARTS, 49

X

25457

EXERCICES GRADUÉS

SUR LA

GRAMMAIRE FRANÇAISE

ACCOMPAGNÉS

DE L'EXPOSÉ DES RÈGLES

PAR

M. GALLIEN

Ancien Professeur de grammaire à l'École normale de Versailles

DEUXIÈME ANNÉE

LIVRE DE L'ÉLÈVE

PARIS

AUG. BOYER ET Cⁱᵉ, LIBRAIRES-ÉDITEURS

49, RUE SAINT-ANDRÉ-DES-ARTS, 49

DEUXIÈME PARTIE.

RÈGLES PARTICULIÈRES.

ORTHOGRAPHE DES MOTS

ANALOGIE *OU* DÉRIVATION.

423 (*). La dérivation consiste à prendre dans un mot analogue à celui que l'on écrit toutes les lettres que la prononciation permet d'y prendre.

424-426. Pour l'adjectif et le participe, c'est dans le féminin, s'il y en a un, que l'on prend les lettres de dérivation; pour le verbe, c'est dans l'infinitif.

EXERCICE 1er.

Dire dans quel mot analogue on retrouve la lettre en italique.

Ama*s*, dra*p*, bâ*t*, far*d*, haśar*d*, dar*d*, par*t* (une).

Accè*s*, succè*s*, procè*s*, progrè*s*, soufflé*t*, respec*t*, lai*d*, lai*t*.

Profi*t*, avi*s*, tapi*s*, pay*s*, li*t*, nui*t* (la), surpri*s*, di*t*.

Complo*t*, do*s*, sanglo*t*, galo*p*, repo*s*, so*t*, sau*t*, accor*d*, trans-por*t*, discor*d*.

Tribu*t*, bu*t*, refu*s*, institu*t*, scorbu*t*, débu*t*, salu*t*, flu*x*, refu*s*.

Goû*t*, coû*t* (valeur), bou*t* (un), tou*t* (adj. ou pron.), lour*d*, cour*t*, cour*s* (le), our*s*, pou*ls*.

Boi*s* (le), moi*s*, poi*s* (légume), poi*ds*, doi*gt*, empoi*s*, étroi*t*, froi*d*.

Ban*c*, ran*g*, san*g*, cen*t*, glan*d*, momen*t*, instan*t*.

Pai*n*, mai*n*, chemi*n*, fai*m*, plei*n*, serei*n*, essai*m*.

Bon*d*, ron*d*, plom*b*, lon*g*, fon*d*, tron*c*, mon*t*.

Jeû*n*, emprun*t*, parfu*m*.

Nœu*d*, vœu, œuvre, cœur, mœur*s* (les), sœur (la), œil, œuf, bœuf.

(*) Les numéros font suite à ceux du cours de 1re année, et correspondent à des règles plus développées dans la Grammaire.

Chevaux, bateau, autre, faire, naître, plaire, soustraire, apaiser, il saura, il faut.

Modèle du devoir.

Amas se termine par un *s* pris dans *amasser*; *drap* par un *p* pris dans *draper*; etc.

FORMATION IRRÉGULIÈRE DU FÉMININ.

470-478. Les adjectifs en *as, el, éen, ien, ou, et* doublent la dernière consonne au féminin, ainsi que *épais, gentil, paysan, fol, mol, gros, sot, huguenot, vieillot, nul, métis.* Excepté *ras, inquiet, secret, concret, discret, indiscret, complet, incomplet, replet,* qui suivent la règle générale après changement de *e* en *è.* Exemple : *inquiet, inquiète.*

C se change en *que, f* en *ve, x* en *se.* Excepté *grecque, sèche, franche* (quelquefois franque), *douce, rousse, fausse, vieille.* — *Frais* fait au féminin *fraîche.*

On change *eur* en *euse* pour les dérivés des participes présents. Excepté *exécuteur, inspecteur, inventeur, persécuteur,* où *teur* se change en *trice;* — *chasseur, demandeur, défendeur, pécheur, vengeur, enchanteur,* dont le féminin est en *eresse;* et *professeur, gouverneur,* dont le premier ne change pas, et le second fait *gouvernante.*

Les mots en *teur* non dérivés de participes présents, ont le féminin en *trice.* Excepté *amateur, auteur, littérateur, orateur,* qui ne changent pas au féminin, non plus que *témoin, médecin, historien, châtain, fat, dispos,* etc.

Ambassadeur fait *ambassadrice; prêtre, prophète, poète, traître, tigre, ogre* ont le féminin en *esse.*

Coi, favori, beau, nouveau, jumeau, fou, mou font au féminin *coite, favorite, belle, nouvelle, jumelle, folle,*

EXERCICE 2°.

Tous les adjectifs sont au masculin singulier ; corriger.

Bas extraction — table *ras* — nature *épais* — *gros* affaire — paysanne *accort* — *fol* envie — la ligue *achéen* — vie *bohémien* — ville *païen* — *ancien* histoire — gloire *immortel* — les qualités *naturel* — grandeur *réel* — âme *immortel* — comédie *bouffon* — vertu *dragon* — audace *fanfaron* — figure *mignon* — parole *doucet* — fourrure *douillet* — *complet* erreur — conversation *discret* — âme *inquiet* — société *secret* — vieillesse *caduc* — place *public* — monarchie *franc* — femme *turc* ou *grec* — jambe *boiteux* — *épineux* affaire — valeur *impétueux* — épouse *jaloux* et peu *doux* — couleur *bleu* — la *feu* reine.

Grande *causeur, enjoleur* et *frondeur* — belle *quêteur* — langue *calomniateur* — guerre *dévastateur* — force *moteur* — volupté *tentateur* — femme *auteur, orateur, littérateur, amateur, professeur, témoin, médecin,* etc. — Elle est *ambassadeur, prophète, chasseur, demandeur, défendeur*.

Nouvel année — *fol* idée — poire *mol*. — Elle s'est tenue *coi* — *vieil* habitude.

Modèle à voir.

DE VIVE VOIX. — L'adjectif *basse* est fém. sing., se rapportant à *extraction*, etc.

PAR ÉCRIT. — *Basse* extraction, *ble rase*, nature *épaisse*, etc.

MASCULIN PLURIEL DANS LES ADJECTIFS EN *AL*.

Les adjectifs en *al* ont généralement le masculin pluriel en *aux*. Mais on évite d'en employer quelques-uns à ce genre et à ce nombre, surtout *fatal, filial, final, glacial, nasal, natal, naval, théâtral, banal, frugal*.

EXERCICE 3°.

Mettre les adjectifs au masculin pluriel, ou changer les substantifs masculins en féminins.

Des rapports *amical* — les droits *seigneurial* — des mots

banal — les fonts *baptismal* — des coups *fatal* — les droits *électoral* — des soins *filial* — des combats *naval* — des liens *moral* — des repas *frugal* — des hommes *brutal* — les séjours *natal* — des termes *spécial* — des esprits *vénal* — des aveux *loyal* — des dégoûts *nasal*.

Modèle du devoir.

Des rapports *amicaux*, les droits *seigneuriaux*, des paroles *banales*, etc.

MARQUE DU PLURIEL DANS LES NOMS.

143-152. Les noms dont le singulier est terminé par *s*, *x*, *z* ne changent pas au pluriel. Ceux qui l'ont en *au*, *eu* prennent *x*, excepté *bleu*. — *Bijou*, *caillou*, *chou*, *genou*, *hibou*, *pou* et *joujou* prennent pareillement *x*.

Ceux qui ont le singulier en *al* changent cette finale en *aux*, excepté *bal*, *carnaval*, *chacal*, *festival*, *pal*, *régal*, qui prennent *s*.

La finale *ail* se change aussi en *aux* dans les mots *bail*, *corail*, *émail*, *soupirail*, *vantail*, *vitrail*.

Ail fait *aulx*; *travail* fait *travaux* au propre et *travails* dans les autres cas; *ciel* fait *cieux* au propre, et *ciels* au figuré; *œil* fait au pluriel *yeux* quand il représente l'organe de la vue, et *œils* dans les autres cas; *aïeul* fait *aïeuls*; *aïeux* et *bestiaux* n'ont pas de singulier; *bétail* n'a pas de pluriel.

EXERCICE 4e.

Écrire au pluriel.

Chapeau, aloyau, général, Dieu, bijou, prix, bail, noyau, pal, cheveu, licou, choix, soupirail, tuyau, cheval, enjeu, hibou, riz, corail, attirail, bateau, régal, épieu, clou, éventail, travail, manteau, vassal, adieu, chou, époux, émail, hameau, bal, essieu, fou, propos, sérail, berceau, lieu, joujou, ananas, détail, marteau, fanal, moyeu, toutou, souris, portail, étau, carnaval, local, neveu, filou, nez, poitrail, caveau, minéral, milieu, caillou, vitrail, accès, vol, festival, vœu, genou, mois, mail, lapereau, cordial, alleu, sou, sens, gouvernail, maréchal, libéral, épouvantail, vantail, camail.

On écrit (ails *ou* aulx) le pluriel de *ail* pour le distinguer de l'article pluriel *aux*.

Mon cheval est si vicieux qu'on ne peut le ferrer qu'en employant les (travails *ou* travaux).

On a remarqué le soin que met cet employé à ses (travaux *ou* travails) ; ils sont toujours écrits d'une manière irréprochable.

Le plus beau de tous les (cieux *ou* ciels) est le ciel de la patrie, mais la patrie pour les exilés n'est plus que dans les (ciels *ou* cieux).

C'est par une comparaison assez peu juste que l'on emploie au pluriel (œils *ou* yeux) au lieu de (œils *ou* yeux) au figuré. Dans les (œils *ou* yeux) du pain, du fromage, ces (œils *ou* yeux) ressemblent plutôt aux trous d'un crible qu'à l'organe de la vue ; et dans les (œils *ou* yeux) de bouillon, je crois toujours voir flottantes les îles de Saint-Omer. Je ne parle pas des (yeux *ou* œils de bœuf, qui sont les uns ronds, les autres ovales : peut-être tous ont-ils commencé ou finiront-ils par être ronds, comme de vrais (œils *ou* yeux) de bœuf.

Il manque à nos (aïeux *ou* aïeuls) plus d'une génération pour qu'ils puissent être nos (aïeux *ou* aïeuls). Par (aïeux *ou* aïeuls), il faut entendre nos grands-parents. Nos arrière-grands-parents sont nos (quoi) ? ; ensuite viennent les (quoi) ? ; et, à partir de ceux-ci, les (aïeux *ou* aïeuls).

Modèle du devoir.

DE VIVE VOIX. — *Chapeaux*, parce que le singulier est en *au* ; *aloyaux*, pour la même raison ; *généraux*, parce que le singulier est en *al* ; etc.

PAR ÉCRIT. — Chapeaux, aloyaux, généraux, Dieux, etc.

NOM PROPRE ET NOM COMMUN.

428-429. Le nom propre commence par une majuscule, et il est invariable, excepté lorsqu'il est employé comme nom commun. Exemple : *Les* CÉSARS *sont heureusement très-rares.*

Le nom commun commence par une petite lettre,

excepté quand il est employé comme nom propre, savoir :

1° Quand il remplace un nom propre comme surnom. Exemple : *Richard Cœur-de-lion.*

2° Quand c'est un nom de dignité employé pour le nom même de la personne. Exemple : *C'est l'Archevêque qui a officié.*

3° Quand il représente des êtres personnifiés. Exemple : *Au pied du trône était la Mort pâle et dévorante.*

4° Quand c'est un titre d'ouvrage. Exemple : *Rien de parfait comme l'Avare et le Misanthrope.*

EXERCICE 5e.

Corriger.

La france est un des pays les plus favorisés du ciel. Son climat est tempéré, son sol fertile et fécond autant à l'intérieur qu'à la surface même. Quatre grands fleuves, la seine, la loire, la gironde et le rhône l'arrosent et la fécondent, outre une multitude de rivières considérables. Les alpes, les pyrénées, le jura, les vosges et les ardennes la protégent et la défendent, et en même temps lui versent les eaux qui la fertilisent. Que dire de sa position maritime sur la méditerranée au sud, l'atlantique à l'ouest, la manche au nord, et de ses ports, soit militaires, tels que brest et toulon, soit marchands, tels que marseille et bordeaux ?

Si nous interrogeons son histoire, quels souverains elle nous présente dans charlemagne, louis XIV ! quels administrateurs dans les colbert, les sully ! quels littérateurs dans les corneille, les voltaire ! quels génies enfin de toutes sortes, que l'on chercherait en vain dans le reste du monde !

Où trouvera-t-on des molière après le nôtre ? où des boileau à côté de notre maître du parnasse ? C'est de la france, non d'ailleurs, qu'a pris l'essor ce sublime aigle de meaux. Racine, pour l'harmonie, a fait oublier le cygne de mantoue ; et jean-baptiste rousseau, pour la sublimité, le chantre d'olympie.

On parlait devant frédéric le grand, roi de prusse, de la puissance militaire de la france. Si j'avais l'honneur de gouverner la france, dit le roi, je ne voudrais pas qu'il se tirât un seul coup de canon en europe sans ma permission. Et il s'est trouvé un homme, napoléon, qui a réalisé cette appréciation du roi de prusse, et devant l'épée duquel, depuis l'extrémité de l'espagne et de l'italie jusqu'aux bords glacés de la moscowa, l'europe entière a tremblé et s'est tue, comme autrefois le monde devant alexandre le grand. Déjà charlemagne l'avait montré ; et le fera à l'avenir quiconque aura le génie des charlemagne et des napoléon.

Modèle du devoir.

De vive voix. — *France* commence par une majuscule, parce que c'est un nom propre, etc.

Par écrit. — La *France* est un des pays, etc., etc.

EXERCICE 6ᵉ.

Corriger.

Quelles fables d'ésope ou de tout autre soutiendraient la comparaison avec le chêne et le roseau, le lièvre et la tortue, les animaux malades de la peste, et tant d'autres chefs-d'œuvre de notre immortel la fontaine ?

Le plus beau surnom pour un prince, c'est celui de juste ; le plus glorieux, celui de père de la patrie. Quant à celui de grand, si envié des rois, il coûte aux peuples trop de sang et de larmes.

On regarde communément l'avare de molière comme son chef-d'œuvre ; il préférait, paraît-il, le misanthrope.

Ce fut charles V, dit le sage, qui le premier délivra la france du joug des anglais ; charles VII fut surnommé le victorieux pour avoir définitivement accompli cet acte de délivrance.

Le même roi qui employa les condé, les turenne, les luxembourg, les créqui, les catinat et les villars dans ses armées, les colbert et les louvois dans son cabinet, choisit les racine et les boileau pour écrire son histoire, les bossuet et les fénelon pour instruire ses enfants, les fléchier, les bourdaloue et les massillon pour l'instruire lui-même.

Le siècle où nous vivons est-il inférieur à celui qu'on a appelé le grand siècle ? La france a fait alors de grandes choses, c'est vrai : turenne, condé et beaucoup d'autres ont remporté d'immortelles victoires ; colbert, louvois ont été de grands ministres, et corneille, racine, bossuet, d'admirables génies. Mais nos hoche, nos masséna n'ont pas été

1.

des généraux méprisables.; carnot vaut bien louvois, turgot n'est pas trop loin de colbert ; et les hugo, les lamartine, pour n'en citer que deux, ne sont pas des auteurs à dédaigner. Me direz-vous maintenant, s'il y avait beaucoup de la voisier, de monge, de cuvier, de vrais savants enfin, du temps de louis XIV ?

On voyait près du trône de pluton la mort pâle, avec sa faux tranchante, qu'elle aiguisait sans cesse. Autour d'elle volaient les noirs soucis, les cruelles défiances, les haines injustes et le désespoir, qui se déchire de ses propres mains.

Modèle du devoir.

De vive voix. — *Ésope* commence par une majuscule, parce que c'est un nom propre, etc.

Par écrit. — Quelles fables d'*Ésope* où de tout autre soutiendraient la comparaison avec le *Chêne et le Roseau*, etc., etc.

NOM COMPOSÉ.

432. Dans le nom composé, on ne donne la marque du pluriel qu'aux mots réellement pluriels ; le verbe personnel s'écrit à la 3e personne du singulier ; enfin, les membres du nom composé se joignent par le trait d'union, excepté où il y a l'apostrophe, comme dans *chef d'œuvre*.

EXERCICE 7e.

Corriger les noms composés, écrits ici au singulier.

Les *petit maître* sont encore plus insupportables que les *pique assiette* : ceux-ci font de vous leurs *abat faim*, ceux-là leurs *gobe mouche* et leurs *attrape nigaud*.

Les conversations des sots ne sont que des *coq à l'âne*, où l'on parle sans suite et comme à bâtons rompus.

De tous les *gagne pain*, le plus sûr est encore le travail avec le savoir et la probité.

Sans être des *boute en train*, on peut ne pas être des *rabat joie* et des *loup garou*.

Si tu as pris soin de ton *grand père* et de ta *grand mère*, n'aie pas peur que tes *petit fils* t'envoient mourir dans un *hôtel Dieu*.

Les *perce neige*, appelés aussi roses de Noël, n'ont quelque charme que parce qu'ils fleurissent en hiver.

Quand tu te mets en voyage, n'oublie ni ton *porte manteau* ni ton *porte monnaie*.

Soyons francs en toute chose, et marchons sans *faux fuyant* et sans *arrière pensée*.

Fouille souvent dans ta *garde robe*, et détache de ton *porte manteau* pour donner au pauvre *demi nu*.

Les *demi savant* ne doutent de rien, et parlent de tout avec plus d'assurance que les hommes instruits.

Les *oiseau mouche* et les *rouge gorge* sont plus colères, vindicatifs et querelleurs que ne le ferait supposer leur petitesse.

On appelle *mouille bouche* des poires qui fondent pour ainsi dire dans la bouche.

Les bords de la plupart des fleuves de l'Asie et de l'Afrique sont peuplés de *martin pêcheur*.

On s'endort dans les délices du *rien faire*; mais la misère et les dettes, qui les suivent, sont de tristes *réveille matin*.

Ce furent les encouragements donnés au génie par Louis XIV qui produisirent tant de *chef d'œuvre* dans tous les genres.

Modèle du devoir.

DE VIVE VOIX. — *Petits-maîtres* est un nom composé de *maîtres* nom pluriel, et de *petits* adjectif qui s'y rapporte, etc.

PAR ÉCRIT. — Les *petits-maîtres* sont plus insupportables que les *pique-assiette*, etc. etc.

EXERCICE 8e.

Mettre au pluriel.

Bas-relief, basse-cour, beau-frère, blanc-bec, bon-chrétien, bout-rimé, cerf-volant, chou-rave, loup-cervier, chat-huant, chef-lieu, épine-vinette, garde-champêtre, arrière-ban, bain-marie, hôtel-Dieu, blanc-seing, terre-plein, Cent-Suisses, tic-tac, ouï-dire.

Aide-de-camp, barbe-de-bouc, belle-de-jour, pied-d'alouette, jet-d'eau, ciel-de-tableau, œil-de-bœuf, char-à-bancs, croc-en-jambe, eau-de-vie, pied-de-bœuf, pot-de-vin, chef-d'œuvre, coq-à-l'âne, tête-à-tête.

Abat-jour, caille-lait, chauffe-pieds, chauffe-lit, gâte-sauce, garde-chasse, porte-manteau (valise), porte-manteaux (crochets à manteaux, à robes), essuie-mains, cure-dents, couvre-pieds, prie-Dieu, va-et-vient, garde-côtes, réveille-matin, pince-sans-rire, garde-malade, passe-debout, laissez-passer, rendez-vous, venez-y-voir, boute-feu, serre-tête, casse-tête, casse-noisette, chausse-pied, coupe-jarrets, gobe-mouches, trompe-l'œil, va-nu-pieds, passe-partout, va-tout, qu'en-dira-t-on, passe-droit.

Modèle du devoir.

Comme pour l'exercice précédent.

NOM COLLECTIF.

434-437. Quand le collectif est général, c'est à lui que se rapportent les corrélatifs (adjectifs, participes passés, verbes personnels); quand il est partitif, c'est au substantif suivant.

EXERCICE 9e.

Choisir le mot convenable.

Quel *nombre* prodigieux d'insensés réputés sages (cherche *ou* cherchent) le bonheur où il n'est pas? La *plupart* le (voit *ou* voient) dans les richesses, *beaucoup* dans les honneurs et les dignités; et une *foule* d'autres (croit *ou* croient) le trouver dans les plaisirs; mais l'*universalité* n'y (rencontre *ou* rencontrent) que l'inquiétude, l'ennui et souvent le remords. On a dit : Dieu seul peut savoir la *quantité* de larmes (contenue *ou* contenues) dans les yeux d'une reine. On pourrait ajouter : et la *somme* de déboires (accumulée *ou* accumulés) dans l'âme du voluptueux, et la *masse* de soucis et de peines qui (écrasent *ou* écrase) ces riches si enviés. Ne nous plaignons pas *du peu* de fortune que le ciel nous a (départi *ou* départie) : ce n'est pas *le peu*, c'est *le trop peu* de richesses qui nous (rend *ou* rendent) pauvres. N'envions pas les honneurs : une *multitude* de dangers s'y (rencontre *ou* rencontrent), et point de sécurité; ni les plaisirs : *plus* d'amers regrets s'y (trouve *ou* trouvent) (caché *ou* cachés) que de jouissances véritables.

Une *infinité* de gens (ignore *ou* ignorent) leurs droits et leurs devoirs; et de cette ignorance (résulte *ou* résultent) pour eux non-seulement une *foule* d'erreurs, mais encore une *multitude* d'injustices que *plus* d'instruction leur ferait éviter, car c'est la *somme* de nos connaissances qui (est *ou* sont) la mesure de notre sécurité. Et *combien* de gens il y a eu jusqu'ici qui ne s'en (est *ou* sont) pas même (occupé *ou* occupés) !

On serait porté à croire qu'une *association* d'hommes instruits (offre *ou* offrent) plus de garanties de bon accord et d'harmonie qu'une *multitude* d'ignorants (dépourvue *ou* dépourvus) de toute politesse comme de toute instruction. Ce serait compter sans la vanité humaine. Supposons (réuni *ou* réunis) dans un but commun un *nombre* d'individus un peu considérable, avec la *somme* de zèle et de connaissances (voulue *ou* voulus). Écoutez-les. (Est-ce *ou* sont-ce) là ce *concert* d'idées et d'efforts (auquel *ou* auxquels) vous vous étiez attendus? (Est-ce *ou* sont-ce) là cet *ensemble* de vues qui (aurait *ou* auraient) dû présider à toute la délibération ? Non. Cette *multitude* de savants, d'orateurs (n'est *ou* ne sont) plus (liée *ou* liés) par rien de commun. (C'est *ou* ce sont) une *cohue* d'individualités qui ne (pense *ou* pensent) qu'à (elle *ou* elles), ne (voit *ou* voient) qu'(elle *ou* elles), ne (parle *ou* parlent) que pour (elle *ou* elles).

Modèle du devoir.

De vive voix. — *Cherchent* est à la 3e personne du pluriel, parce que le collectif *nombre* étant partitif, ce n'est pas à lui, mais au substantif *insensés* qu'il se rapporte, etc.

Par écrit. — Quel nombre prodigieux d'insensés réputés sages *cherchent*-le bonheur où il n'est pas ? etc.

NOMS A DEUX GENRES.

438-447. *Amour, délice, orgue* sont masculins au singulier, et féminins au pluriel.

Aigle est masculin excepté quand il est pris pour enseigne.

Couple signifiant simplement *deux* est féminin ; autrement, masculin.

Élève, enfant, esclave sont masculins ou féminins, selon le sexe.

Foudre est féminin au propre ; autrement, masculin. Au propre, avec un adjectif, il est masculin ou féminin.

Exemple d'écriture est féminin ; sinon, masculin.

Gens est masculin pour les mots qui suivent, féminin pour ceux qui précèdent, excepté les adjectifs imparisyllabiques (*) le précédant immédiatement.

Hymne d'église est féminin; sinon, masculin.

EXERCICE 10e.

Choisir le mot convenable.

Il n'y a selon moi de (bon *ou* bonne) orgue et (bel *ou* belle) orgue qu'à la condition d'un temple majestueux et d'un organiste inspiré. Quant à ces orgues (exigus *ou* exiguës) et sans puissance (établis *ou* établies) dans beaucoup d'églises et de chapelles, je ne les ai jamais (entendus *ou* entendues) avec beaucoup moins de déplaisir que ces autres orgues si justement (nommés *ou* nommées) de Barbarie, dont nos rues et nos carrefours étaient naguère importunés. Mais (quels *ou* quelles) délices que d'entendre (un *ou* une) orgue véritable (manié *ou* maniée) par un artiste habile, sous les voûtes, par exemple, de Notre-Dame de Paris !

L'amour (vrai *ou* vraie) n'est plus qu'au village ; la ville ne connaît que les amours (intéressés *ou* intéressées) ou les amours (corrompus *ou* corrompues), et ce ne sont pas certes les (vrais *ou* vraies) amours.

Si j'étais roi, c'est du bonheur de mes sujets que je ferais mon unique gloire et mes (seuls *ou* seules) délices.

(Quel *ou* quelle) aigle que ce Bossuet, et qu'on a justement comparé son génie à l'aigle intrépide et (hardi *ou* hardie) dont le vol et les yeux défient l'espace et le soleil ! C'est à une assimilation analogue, mais moins juste, qu'on a dû l'aigle (romaine *ou* romain) et tant d'autres emblèmes de ce genre.

(Un *ou* une) aigle sur un champ prétendant droit d'au-
[baine,
Ne fait point assigner (un *ou* une aigle) à la huitaine.

L'antiquité nous offre Philémon et Baucis comme (un *ou* une) exemple de couple bien (assorti *ou* assortie).

(*) Les adjectifs imparisyllabiques sont ceux qui ont plus de syllabes au féminin qu'au masculin, comme *charmant*, dont le féminin est *charmante*.

(Une *ou* un) couple d'œufs, du pain frais, du lait et des fruits, (quel *ou* quelle) délice en fait de repas !

> Attendez, leur dit-il, couple lâche et (rusé *ou* rusée) ;
> Et jugez si ma main, aux grands exploits novice,
> Lance à mes ennemis un livre qui mollisse.

Votre sœur, mon cher enfant, est comme vous (un *ou* une) enfant aimable ; et si vous êtes (un *ou* une) élève d'élite, elle est, elle, (un *ou* une) élève (intelligent *ou* intelligente) et (instruit *ou* instruite). Il ne vous manque que de vous aimer.

Le chemin des bons préceptes est plus long que celui des (bons *ou* bonnes) exemples.

Les (meilleurs *ou* meilleures) exemples d'écriture sont (ceux *ou* celles) que le maître a (tracés *ou* tracées) lui-même sous les yeux de l'élève.

Les hymnes les plus (belles *ou* beaux) sont (celles *ou* ceux) qu'a (inspirées *ou* inspirés) l'amour de la patrie.

Modèle du devoir.

De vive voix. — Il faut écrire *bon* et *bel* orgue, au masculin, parce que *orgue* est singulier, etc.

Par écrit. — Il n'y a selon moi de *bon* orgue et de *bel* orgue qu'à la condition d'un temple majestueux et d'un organiste inspiré. Quant à ces orgues *exiguës* et sans puissance, etc. etc.

EXERCICE 11e.

Même sujet. Choisir le mot convenable.

(Le *ou* la) foudre éclate sur les lieux élevés, (elle *ou* il) respecte ou dédaigne ce qui ne semble pas (le *ou* la) braver.

(Quel *ou* quelle) foudre que ce guerrier ! C'était (le *ou* la) foudre que sa marche, c'était (le *ou* la) foudre que son bras.

Que sont (devenus *ou* devenues) (tous *ou* toutes) ces foudres de guerre ? Quelque foudre (nouveau *ou* nouvelle) les aura (mis *ou* mises) en poudre.

Les foudres de l'Église ne sont plus (respectés *ou* respectées) ; il n'y a plus de (redoutés *ou* redoutées) aujourd'hui que les foudres d'airain et les foudres de guerre. Les foudres d'éloquence sont bien (tombés *ou* tombées) ; et quant aux foudres (destinés *ou* destinées) à contenir du vin, je veux bien que (la *ou* le) foudre les mette en pièces si je sais pourquoi (ils *ou* elles) sont ainsi (nommés *ou* nommées).

(Tous *ou* toutes) les gens (querelleurs *ou* querelleuses),
[jusqu'aux simples mâtins,
Au dire de chacun, étaient de petits saints.

Où trouverez-vous de (pareils *ou* pareilles) gens, des gens plus honnêtes, plus (bienveillants *ou* bienveillantes) et plus (estimés ou estimées)?

Mes gens, à moi, sont les braves et (bons *ou* bonnes) gens, les gens (laborieux *ou* laborieuses) et (dévoués *ou* dévouées), pour qui il n'y a de (petits *ou* petites) gens que les (sots *ou* sottes) gens, et qui aident de tout leur pouvoir les pauvres gens.

Les hymnes (anciens *ou* anciennes) étaient des odes exclusivement religieuses. Chez les modernes, tout en conservant ce type primitif, l'hymne s'est (étendu *ou* étendue) à tout ce qui revêt un caractère sacré, la patrie, par exemple aussi bien que la religion. De là beaucoup d'hymnes (produits *ou* produites) chez les différents peuples ; mais en France surtout, la Marseillaise, qui est bien (le *ou* la) plus sublime des hymnes patriotiques. Quant aux chants exécutés sous le nom d'hymnes dans les églises catholiques, ils ont perdu en grammaire. Ainsi l'on dit : Santeuil a fait de (beaux *ou* belles) hymnes. — Quelques hymnes d'église sont (pleins *ou* pleines) de pensées sublimes. — Après que l'hymne eut été (chanté *ou* chantée), etc.

Modèle du devoir.

Comme pour le précédent exercice.

NOMS ÉTRANGERS.

447 (*bis*). Prennent la marque du pluriel les mots francisés par l'usage, et, en général, *accessit, album, alibi, alinéa, aparté, bravo, concerto, debet (débè), domino, duo, folio, imbroglio, impromptu, mémento, numéro, opéra, oratorio, panorama, pensum, quatuor, récépissé, reliquat (relica), recto, soprano, spécimen, trio, verso, vertigo, virago, zéro.*

Les autres sont invariables.

EXERCICE 12e.

Corriger.

Des *accessit* dans toutes les principales parties d'un programme sont préférables à des prix dans une ou deux parties seulement.

En voyage, remplissez vos *album* de dessins et d'annotations qui puissent vous servir au retour.

Les *pater*, les *ave*, et généralement les prières dites des lèvres, ne valent pas celles du cœur.

Des beautés solides sont préférables à ces *concetti* brillants qui font la joie de certains amateurs.

Les *alibi* seront toujours les plus sûrs moyens de prouver l'innocence des prévenus.

Notre proposition a été accueillie par des *bravo* répétés et des *vivat* enthousiastes.

Débarrassons-nous de tous ces *débet* et *reliquat;* ils éternisent les comptes et entravent les affaires.

Que d'*impromptu* préparés à l'avance, achetés, volés même, et nullement improvisés ! — Que d'*in-folio* dont on ne pourrait extraire de quoi remplir le plus petit *in-douze !*

On a souvent chanté des *te Deum* qu'on aurait mieux appelés des *requiem.*

Les *déficit* dans les affaires et surtout dans les mœurs ont souvent amené la ruine des familles et la chute des États.

Que de joies, hélas! changées en douleurs, et d'*alleluia* triomphants en tristes *miserere !*

Il y a généralement trop d'*aparté* dans les pièces modernes : cela choque la vraisemblance et nuit à l'illusion.

Laissons de nous, comme *mémento* impérissables, des vertus et des bienfaits.

Les mauvais élèves sont toujours accablés de *pensum*, et les bons gratifiés de *satisfecit* et d'*exeat.*

Modèle du devoir.

De vive voix. — *Accessits* s'écrit au pluriel, parce que c'est un nom pluriel, francisé par l'usage, etc.

Par écrit. — Des *accessits* dans toutes les parties, etc.

PRONOM PERSONNEL.

198-201. Pour l'adjectif et le participe qui s'y rapportent, *vous* est singulier, masculin ou féminin selon le cas, lorsqu'il ne représente qu'une personne. Sinon, il est pluriel. Mais pour le verbe personnel, il est toujours pluriel. *Nous* est dans le même cas.

Le pronom *leur* est invariable quand il est personnel, et variable lorsqu'il est possessif.

Se est toujours complément d'un verbe qui suit. *Ce* est sujet ou attribut ; avant un nom, c'est un adjectif.

EXERCICE 13º.

Corriger.

Vous serez *chéri* de tous, mon enfant, si vous êtes *bon*, *sage* et studieux.

Eh ! bonjour, monsieur du Corbeau ! que vous êtes *joli !* que vous me semblez *beau !*

Nous (c'est un auteur qui parle) sommes *signalé* comme nous étant un peu *risqué* dans la première partie de notre ouvrage. Nous sommes loin d'en être *convaincu ;* car c'est la partie, au contraire, où nous croyons nous être *appuyé* sur les preuves les plus fortes.

Nous avons, comme un journaliste consciencieux que nous sommes, simplement usé de notre droit de critique, sans être *sorti* des bornes d'une polémique sage et mesurée.

Je voudrais *leur* faire comprendre que *leur* vrais intérêts sont précisément qu'on *leur* refuse *leur* demande.

Laissez aux méchants *leur* fortune, ne *leur* enviez pas *leur* trésors.

Nos intérêts ne sont pas les *leur*, mais nous ne pouvons en conscience *leur* laisser ignorer une chose qui *leur* importe si fort.

La justice est innée chez les enfants : ce qu'on *leur* a promis, il faut qu'on le *leur* donne.

Les hommes ne pèchent point par ignorance ; *leur* conscience *leur* indique à chaque instant *leur* devoir.

C'est (ce *ou* se) préparer un triste avenir que de (ce *ou* se) laisser aller ainsi à la nonchalance. (Ce *ou* se) lâche abandon de soi-même (c'est *ou* s'est) vu plus d'une fois chez les jeunes gens ; mais peu (c'en *ou* s'en) sont bien trouvés, et le mépris et la misère (ce *ou* se) sont bientôt chargés de punir en eux (ce *ou* se) vice dégradant.

Celui qui (ce *ou* se) repent sincèrement, (ce *ou* se) corrige.

Nous ne semblons pas nous douter que la vie (c'écoule *ou* s'écoule), si (ce *ou* se) n'est lorsqu'elle va (s'évanouir *ou* c'évanouir) pour jamais.

Modèle du devoir.

DE VIVE VOIX. — *Chéri* est masculin singulier, parce que *vous* auquel il se rapporte est masculin singulier, etc.

PAR ÉCRIT. — Vous serez *chéri* de tous, mon enfant, si vous êtes *bon, sage* et *studieux*, etc.

PRONOM RELATIF.

Le pronom relatif, comme tout pronom, au reste, doit avoir le genre, le nombre et la personne du nom dont il tient la place, et il les donne : le genre et le nombre à l'adjectif et au participe passé ; la personne et le nombre au verbe personnel.

EXERCICE 14°.

Faire accorder soit le pronom relatif, soit l'adjectif ou le participe passé qui s'y rapporte, soit le verbe personnel dont il est sujet et qui est ici à l'infinitif.

Ne nous plaignons pas de la nature, mais de nous-mêmes, qui (être, au prés. de l'indic.) seuls la cause de nos malheurs.

Les biens après (lequel) nous courons, n'ont rien qui (devoir, au prés. du subj.) nous tenter : (il) nous (éblouir, au prés. de l'indic.), (il) nous (tromper, au prés. de l'indic.), (il) nous (échapper, au prés. de l'indic.).

L'amitié est la plus douce chose que le ciel ait (donné) à la terre. Par (lui), il n'est pas de douleur qui ne (être, au prés. du subj.) (adouci), pas de jouissance qui ne (être, au prés. du subj.) (doublé).

Oublions les torts que les autres ont (eu) envers nous, si nous voulons (qu'il) (oublier, au prés. du subj.) ceux que nous avons (eu) envers eux.

Les personnes (auquel) on se fie le plus, sont ordinairement celles (duquel) on devrait le plus se défier.

Celui qui (dire, au prés. de l'indic.) tout ce (qu'il) (penser), ne pense pas tout ce (qu'il) (dire, au prés. de l'indic.).

Si vous vous reconnaissez des défauts, combattez-(le) opiniâtrément jusqu'à ce que vous (le) ayez (vaincu).

L'amitié véritable est celle qui n'est jamais ni (rompu) ni (détruit), qui (mourir, au prés. de l'indic.) avec l'homme, et pour (lequel) l'homme est prêt à mourir.

Ceux qui (instruire, au prés. de l'indic.) les hommes, paraissent ne rien faire, mais il n'y a personne peut-être qui (avoir, au prés. du subj.) des occupations plus nombreuses et plus utiles.

Fréquentons ceux qui (pouvoir, au prés. de l'indic.) nous rendre meilleurs, et qui nous (donner, au prés. de l'indic.) d'utiles conseils.

Méprisons les brillantes superfluités qui (être, au prés. de l'indic.) (recherché) par le commun des hommes, comme ornements et parures. C'est la seule vertu qui (devoir, au prés. de l'indic.) nous charmer.

Tu le trahis, toi qui lui (devoir, au prés. de l'ind.) tout. — Je suis un orphelin, qui de (ses *ou* mes) parents (n'avoir, au prés. de l'ind.) jamais eu connaissance.

Nous avons toujours été pour lui de vrais amis qui ne lui (avoir, au prés. de l'ind.) fait que du bien. C'est nous qui (avoir, au prés. de l'ind.) fait de lui ce qu'il est maintenant.

Modèle du devoir.

De vive voix. — *Sommes* est à la 1re personne du pluriel, parce que son sujet *qui* est de la 1re personne du pluriel, se rapportant à *nous*.

Par écrit. — Ne nous plaignons pas de la nature, mais de nous-mêmes, qui *sommes* seuls la cause de nos malheurs, etc.

PRONOM POSSESSIF, DÉMONSTRATIF.

Le pronom possessif varie comme adjectif.

Le nôtre, la nôtre, les nôtres sont pronoms. *Notre* et *votre* sont adjectifs.

Celui-ci, celle-ci, ceux-ci, celles-ci, ceci s'emploient pour les personnes ou les choses les plus rapprochées; *celui-là, celle-là, ceux-là, celles-là, cela* pour les personnes et les choses les plus éloignées.

Souvent *ceci* annonce ce qu'on va dire ; et *cela* rappelle ce qu'on a dit.

EXERCICE 15e.

Nous devons aimer les *notre* sans doute, mais non exclusivement. Tout ce qui est homme a droit à *notre* intérêt.

Si nous étions tous véritablement frères, nous dirions au malheureux : console-toi de la perte de ta fortune, la *notre* est devenue *la tienne*, et *notre* foyer *le tien*, comme ta souffrance est la *notre*, puisque, en frères, nous devons tout partager.

Les lois des anciens étaient peut-être moins parfaites que les *notre*; mais est-il bien certain que nos actions soient plus pures que les *leur*.

Vos principes ne sont pas les *mien ;* les *votre* tendent à une vie douce et molle, les *mien* à une vie laborieuse et utile.

On voit les maux d'autrui d'un autre œil que les *sien*.

En présence d'un acte de dévouement à accomplir, un premier mouvement nous y porte, un second nous en éloigne : c'est (celui-ci *ou* celui-là) qu'il faut suivre.

On répare les fautes de la liberté, *celle* de l'honneur jamais.

Je ne connais de biens que *celui* que l'on partage.

Vous qui ne savez pas ce que c'est que de songer aux autres, écoutez bien (ceci *ou* cela) : Celui qui ne pense qu'à lui-même, mourra délaissé ; car lorsqu'on a semé l'égoïsme, on doit recueillir l'égoïsme. (Ceci *ou* cela) n'est que juste, et ne doit point nous surprendre.

Modèle du devoir.

DE VIVE VOIX. — *Les nôtres* est un pronom possessif, masculin pluriel, représentant *ceux qui sont à nous*, etc.

PAR ÉCRIT. — Nous devons aimer *les nôtres* sans doute, mais non exclusivement. Tout ce qui est homme a droit à *notre* intérêt, etc.

PRONOM INDÉFINI.

202-208. *On*, quand il est complétement indéfini, est masculin singulier; mais il peut être défini jusqu'à avoir le genre et le nombre pour l'adjectif et le participe passé; le verbe dont il est sujet, est toujours à la 3e personne du singulier.

Chacun, aucun, nul sont toujours singuliers.

Personne est masculin singulier quand il signifie *pas une personne*. Dans les autres cas, c'est un nom féminin.

Rien est un pronom singulier quand il veut dire *pas une chose*. Autrement, c'est un nom masculin.

Quelque chose, signifiant *une chose*, est masculin singulier. Quand il veut dire *quelle que soit la chose*, le mot *chose* est féminin.

Tout, pronom, est masculin singulier quand il signifie *toute chose*. Il est masculin pluriel quand il représente les personnes. Quand il est employé pour des objets ou des personnes déterminées, il est entièrement variable.

EXERCICE 16e.

Choisir le mot convenable.

(Nul *ou* nuls) n'est (*ou* ne sont) riche (*ou* riches) en naissant. Quiconque vient à la lumière, doit se contenter d'un peu de lait et d'un lambeau de linge.

Qu'aucune (*ou* aucunes) de nos heures ne se passe (*ou* passent) sans travail ; aucune (*ou* aucunes) de nos journées sans une bonne action.

C'est quelque chose d'étonnant (*ou* étonnante) que sa science ; mais quelque chose de plus étonnant (*ou* étonnante) encore que sa modestie.

Quelque chose que nous ayons (fait *ou* faite) pour lui rendre le courage, nous n'avons pu y réussir.

Sachez qu'il n'y a rien de fait s'il reste quelque chose (d'inachevé *ou* inachevée).

(Tout *ou* tous) savent ce qu'il faut faire, mais (tout *ou* tous) ne le font pas.

(Tout *ou* tous) est fini entre deux amis quand l'un des deux a perdu sa fortune.

(Aucun *ou* aucuns) ne le (connaît *ou* connaissent), (nul *ou* nuls) ne s'en (souvient *ou* souviennent), et (chacun *ou* chacuns) en (parle *ou* parlent) comme (s'il l'avait *ou* s'ils l'avaient) connu.

Connaît-on personne qui soit plus (intelligent *ou* intelli-

(que), personne qui soit plus (bienveillant *ou* bienveillante) que cette (charmant *ou* charmante) personne?

Le talent du flatteur, c'est de parler à (chacun *ou* chacuns) de (ses *ou* leurs) qualités, à personne de (ses *ou* leurs) défauts.

On se disait (inséparable *ou* inséparables), et l'on s'est (séparé *ou* séparés); on se disait (dévoué *ou* dévoués) l'un à l'autre, et l'on s'est (quitté *ou* quittés), du reste, comme on (s'était (uni *ou* unis), sans réflexion, avant de s'être (connu *ou* connus) et même (étudié *ou* étudiés).

Quand on est reine, on est trop (grand *ou* grande) pour les petits; trop (heureux *ou* heureuse) pour les infortunés.

Modèle du devoir.

DE VIVE VOIX. — *Nul* est singulier, parce qu'il n'a pas de pluriel; *nul* est à la 3e pers. du singulier, ayant pour sujet *nul; riche* est masculin singulier, se rapportant à *nul*, etc.

PAR ÉCRIT. — *Nul n'est riche* en naissant, etc.

ACCORD DE L'ADJECTIF.

241-243. L'adjectif s'accorde en genre et en nombre avec son substantif.

Si l'adjectif se rapporte à plusieurs substantifs, il est pluriel.

Si les substantifs n'ont pas le même genre, l'adjectif est masculin pluriel.

Dans ce dernier cas, il ne s'accorde qu'avec le substantif le plus proche pourvu que se trouvent réunies les trois conditions suivantes :

1° Que les substantifs représentent des choses.

2° Que le féminin soit le plus rapproché de l'adjectif.

3° Que l'adjectif soit imparisyllabique.

Exemple : Il a montré un courage et une prudence *étonnante*.

Quand les substantifs auxquels l'adjectif se rapporte, sont joints par *ou*, l'adjectif ne s'accorde qu'avec le dernier.

Quand les substantifs sont joints par *ni*, l'adjectif s'accorde avec tous si *ni* renferme *et;* mais seulement avec la dernière, si *ni* renferme *ou.* Exemples : Ni Pierre ni Paul ne sont *attentifs.* Ni Pierre ni Paul ne sera *choisi* pour cette place.

EXERCICE 17e.

Corriger.

La charité est *patient, doux, bienfaisant.*

De *tout* les plaisirs, le plus *doux* est celui d'une conscience *pur.*

Il (le coursier) fend l'onde *écumant,* affronte un pont *nouveau;*

Il a le ventre *court,* l'encolure *hardi,*
Une tête *effilé,* une croupe *arrondi.*

Les lions sont *généreux,* les loups *cruel,* les renards *rusé,* les chiens *docile* et *fidèle.*

Les hommes *simple* et *droit* sont peu *défiant,* ce qui les rend *facile* à tromper.

Une *bel* fortune, *un illustre* naissance ne dispensent pas les hommes d'être *honnête, juste* et *bienfaisant.*

Socrate et sa femme étaient bien *différent* de caractère. Il était, lui, *doux* et *patient;* elle, *acariâtre* et *méchant.*

Les astronomes ont calculé avec *un* très-*grand* précision de combien sont *éloigné* le soleil et la terre.

Si vous trouvez *bon* nos exhortations et nos conseils, vous en profiterez. Si vous trouvez *bon* nos conseils et nos exhortations, vous en profiterez.

Beaucoup d'incidents et d'aventures *divers* ont retardé notre arrivée. Beaucoup d'aventures et d'incidents *divers* ont retardé notre arrivée.

Nous croyons l'un et l'autre *coupable,* il faut que l'un et l'autre soient *pardonné* ou *puni.*

L'esclavage ou la mort était *réservé* au lâche qui avait trahi sa patrie.

Il fallait une force ou une habileté *extraordinaire* au milieu de *tel* difficultés.

Ni la puissance ni la richesse ne seraient *capable* de remplir le vide de notre cœur.

Ni vous ni moi ne serons *complice* d'une *pareil* lâcheté.

Ni Pierre ni Paul ne *pourra* être *choisi* pour remplir cette place, bien que ni l'un ni l'autre ne se *croient indigne* de l'obtenir.

Modèle du devoir.

DE VIVE VOIX. — Patiente, douce, bienfaisante sont féminins singuliers, parce que *charité*, auquel ils se rapportent, est féminin singulier, etc.

PAR ÉCRIT. — La charité est *patiente, douce, bienfaisante*, etc.

EXERCICE 18e.

Corriger.

J'admirais cette force, cette constance véritablement *stoïque*, ce courage, cette intrépidité *étonnant*, tout à fait *digne* des *ancien* âges.

Les guerres de Louis XIV avaient réduit le pays à une pauvreté, à une misère si *grand* que des milliers de malheureux périssaient de faim le long des routes et dans les champs.

Le mérite, aussi bien que la naissance, est aujourd'hui *capable* d'ouvrir à un jeune homme la carrière des honneurs.

Le riche, ainsi que le pauvre, est *sujet* à la mort; le grand et le petit s'en iront en poussière, et l'un comme l'autre n'emportera que le bien ou le mal qu'il aura *fait*.

Il y en a qui aiment les cheveux *noir* ou *brun-foncé*, d'autres les *châtain-clair*, d'autres encore les *blond-cendré*; quelquefois la mode a fait triompher les *blond-ardent* et les *rouge-feu*. Dans les vêtements, mêmes caprices; ils sont, d'après la fantaisie du jour, *rose-tendre*, *gris-perle*, *vert-pré*, etc.

Certains moines vont *nu-pieds*, sauf qu'ils portent des sandales; bien des pauvres aussi vont pieds *nu*, mais c'est, hélas! par besoin.

Que de choses l'on ferait en une *demi*-heure, et vous avez devant vous des heures, des journées entières, des années!

Je ferais entrer dans une *demi*-page ce que vous ne pouvez faire tenir dans une page et *demi*.

Les départs ont lieu à toutes les heures, et les retours à toutes les *demi*.

Les *demi-dieux* étaient des hommes qui s'étaient distingués par de grandes actions.

Que ma *feu* tante était bonne, et comme elle me gâtait! Moins cependant que *feu* ma grand'mère. Je les ai *tout* les deux bien souvent *regretté*.

Feu votre mère était une personne bien-*instruit* et bien *avisé.*

Modèle du devoir.

Comme pour l'exercice précédent.

ADJECTIF POSSESSIF, DÉMONSTRATIF.

454-457. *Ses* est adjectif possessif, *ces* adjectif démonstratif, au pluriel ; *cet* est adjectif démonstratif singulier, pour *ce*, devant une voyelle.

Leur possessif est variable.

Notre, *votre* ne prennent pas d'accent quand ils sont adjectifs.

EXERCICE 19e.

Corriger.

Ses parents lui ont laissé peu de fortune ; mais avec *ses* dispositions naturelles et son amour du travail, il aura bientôt laissé derrière lui tous *ses* concurrents.

Nous avons adopté toutes *ses* mesures et pris toutes *ses* précautions pour sortir enfin de tous *ses* embarras qui nous gênent et nous fatiguent.

Qui connaît *ses* droits, connaît *ses* forces : instruisez-vous et vous serez forts.

A l'instant, ils poussèrent *leur* coursiers, et fondirent l'un sur l'autre avec tant d'impétuosité qu'ils se percèrent mutuellement de *leur* lances.

Ils trouvèrent *leur* parts faites sans aucune espèce de justice, et protestèrent contre *cet* violation de *leur* droits.

Leur choc fut rude, *leur* coups terribles, et *leur* bravoure égale ; mais *leur* destins différents.

Ses gens ne sont plus à craindre, *leur* ruses sont percées à jour ; ils perdent *leur* temps et *leur* peine à vouloir nous tromper.

Cet élève est un modèle d'application. Tous *ses* moments si précieux que perdent *ses* condisciples, ce studieux enfant les emploie, lui, à l'étude ; tous *ses* devoirs que tant d'autres négligent, il s'en acquitte avec le plus grand soin. De là *cet* grande affection qu'on lui porte, et *ses* progrès qu'on ne peut s'empêcher d'admirer.

De tous *ses* grands hommes que l'on vante, c'est à peine si bientôt il restera quelques noms plus ou moins fameux, et de *ses* noms eux-mêmes un vain son.

L'envieux est son propre bourreau : nos joies font *ses* déplaisirs, *notre* bonheur fait son supplice.

Les enfants sont en général ce que les font *leur* parents : si *leur* mère est vertueuse, si *leur* père est homme de bien, comment eux-mêmes seraient-ils méchants ?

Modèle du devoir.

DE VIVE VOIX. — *Ses* est un adjectif possessif (les parents *de lui*), etc. Dans le second alinéa, *ces* est adjectif démonstratif (*ces* mesures-là, *ces* précautions-là, etc.), etc.

PAR ÉCRIT. — *Ses* parents lui ont laissé, etc., etc.

ADJECTIF NUMÉRAL.

458-466. *Un* fait *une* au féminin, sans pluriel naturellement.

Vingt et *cent*, au pluriel, ne sont variables qu'après un autre adjectif numéral à la fin d'une quantité. Dans les noms de date, ils sont toujours invariables.

Mille, adjectif numéral cardinal, est invariable. Quand il est ordinal (dans les dates), il s'écrit *mille* 1° s'il termine la quantité, 2° s'il n'appartient pas à l'ère chrétienne. Sinon, il s'écrit *mil*. — *Mille*, mesure itinéraire, est un nom commun.

Les adjectifs ordinaux, quand ils marquent succession généalogique, ou qu'ils indiquent la distribution des parties d'un ouvrage, s'écrivent en chiffres romains, ordinairement.

Les noms de nombre *douzaine, millier, million*, etc., véritables substantifs collectifs, sont variables.

Dans l'énonciation écrite d'unités quelconques avec une ou plusieurs dizaines jusqu'à 99, on remplace par un trait d'union la conjonction *et* presque partout supprimée.

EXERCICE 20e.

*Écrire les quantités en toutes lettres; mais en chiffres romains
les numéros de souverains et de parties d'ouvrage.*

Les jeunes gens semblent croire que 20 francs et 20 ans ne
doivent jamais finir.

L'âge de l'homme n'arrive guère aujourd'hui à 100 ans ;
les anciens patriarches vivaient quelquefois, dit-on, au delà
de 900 ans.

Il y a peu d'époques dans l'histoire aussi remarquables
que celle de 1789.

La vanité de la gloire humaine a coûté le sang de combien
de million d'hommes !

Puisque les 1res impressions sont les plus durables, ne don-
nons que de bons exemples aux enfants.

Le 2e mouvement est rarement exempt d'égoïsme.

Ils étaient 80 à peine, opposés à plus de 400.

20 + 100 + 80 = 200 − 15 = 185.

L'an 1000 fut une époque de sotte et honteuse crédulité,
que l'on reverra peut-être en l'an 2000, quoique nous nous en
moquions en 1872.

Les Lacédémoniens vainqueurs imposèrent aux Athéniens
30 magistrats qu'on a appelés les 30.

Il y a en grammaire 3 personnes : la 1re, qui est celle qui
parle ; la 2e, qui est celle à qui l'on parle ; et la 3e, qui est
celle dont on parle.

Dans le royaume du Ciel, les 1ers, dit l'Évangile, seront les
derniers, et les derniers les 1ers.

Les plus remarquables de nos souverains sont sans contre-
dit Charlemagne, Louis 14 et Napoléon 1er.

Modèle du devoir.

DE VIVE VOIX. — *Vingt* dans la 1re phrase est singulier, n'expri-
mant qu'une fois vingt. *Cent*, le 1er de la 2e phrase, est singulier ;
le 2e est pluriel, et en prend la marque, étant le dernier nombre
de la quantité, etc.

PAR ÉCRIT. — Les jeunes gens semblent croire que *vingt* francs et
vingt ans ne doivent jamais finir, etc.

EXERCICE 21e.

Se peut-il que l'on sacrifie tant de *millier* d'hommes et de *milliard* d'argent à de sottes querelles de peuples ou de souverains ?

Nous partîmes 500 ; mais par un prompt renfort,
Nous nous vîmes 3,000 en arrivant au port.

L'an 1000 de notre ère a donné lieu à de grandes terreurs parmi les chrétiens, qui croyaient à la fin du monde en cette année-là.

Notre histoire s'étend, si on la commence à Clovis, depuis l'an 481 jusqu'à l'année présente 18...

300,000 hommes périrent, dit-on, du côté des Sarrasins à la bataille de Poitiers.

Charlemagne fut fait empereur l'an 800. Cet empire ne dura guère : moins de 100 ans après, il n'en restait que des débris.

Le mouvement des Communes, commencé, prétend-on, en 1108, sous Louis 6, prit une allure plus ferme en 1180, sous Philippe 2.

Les *mille* anglais diffèrent beaucoup des *mille* allemands ; et ceux-ci, de ceux des autres peuples. Ces différences ne sont pas sans occasionner de certaines difficultés dans les rapports entre les peuples. Si, comme déjà la chose a commencé sur quelques points, tous ces *mille* finissent par faire place à nos mesures kilométriques, il n'existera plus à la fin d'autres *mille* que les unités de ce nom.

On évaluait autrefois les fortunes par 1000 ou 10,000, quelquefois par 100,000 francs ; aujourd'hui c'est par *million*.

Cette pièce a été profondément remaniée : l'acte 2 est devenu le 4, et l'acte 3 le 5.

Les 1res années de Louis 15 avaient fait espérer un bon roi ; mais la nation a été cruellement trompée.

Modèle du devoir.

Comme pour le précédent exercice.

ADJECTIF INDÉFINI.

467-469. *Même* est adjectif quand il est immédiatement avant ou après le substantif, pourvu, dans ce dernier cas, que le substantif soit seul. Séparé du substantif ou après plusieurs, il est adverbe.

Tout, quand il est nom, s'écrit *touts* au pluriel ; lorsqu'il est pronom indéfini, il s'écrit *tout* s'il signifie *toute chose,* et est masculin singulier ; *tous,* s'il signifie *des personnes,* et est masculin pluriel. Il peut être déterminé et, au féminin pluriel, s'écrit *toutes.*

Quand *tout* est adjectif, il est variable comme un adjectif ordinaire.

Enfin, quand il est adverbe, il est, comme tel, invariable, si ce n'est par euphonie devant un adjectif féminin, commençant par une consonne ou par *h* aspiré.

Quelque forme deux mots ou seulement un mot :

1° Deux mots devant un verbe. C'est alors l'adjectif *quel,* variable, et la conjonction *que.*

2° Un mot seulement dans les autres cas. Et c'est l'adjectif variable *quelque* s'il modifie un substantif suivant ; dans les autres cas, c'est l'adverbe *quelque,* invariable.

Quelque est encore adverbe quand il signifie *environ.*

EXERCICE 22e.

Corriger.

Vous n'avez fait *aucun* effort, et ne pouvez conserver *nul* espoir.

Chaque chose doit être faite en son temps, et *chaque* objet mis en son lieu. L'homme aussi a besoin d'occuper dans la vie une place, une position *quelconque* sous peine d'y être à charge ou tout au moins inutile.

Quel femmes que les Lucrèce, les Cornélie, les Arrie, et tant d'autres !

Vingt fois on a dit au paresseux : Travaille. Il n'en a tenu *aucun* compte ; il a négligé *tout* travail ; *quelque* raisons qu'il eût de s'occuper, *quelque* fût le besoin qu'il avait de s'instruire, jamais il n'a fait *nul* effort. Aussi, *quel* ignorance est la sienne, et *quel* reproches doit lui faire sa conscience d'avoir vécu dans une *tel* apathie !

Sachons, avant d'entreprendre *un* affaire, *quelque* elle soit, *quel* moyens nous avons de la terminer.

Il était de très-facile accès : les plus pauvres *même* pouvaient l'aborder ; il écoutait ceux *même* qui semblaient étrangers aux affaires, persuadé que *même* les moins habiles peuvent donner un utile conseil.

Les enseignements de l'histoire sont fondés sur l'axiome que les *même* causes produisent les *même* effets.

La raison, les convenances, vos intérêts *même* exigent de vous ce sacrifice.

Il tourna contre eux avec son habileté ordinaire *même* les embûches qu'ils lui avaient dressées.

Tout les moyens lui étaient bons, *même* ceux que réprouvent la délicatesse et l'honneur.

Modèle du devoir.

DE VIVE VOIX. — *Aucun* est un adjectif indéfini, masculin, singulier, se rapportant à *effort*, etc.

PAR ÉCRIT. — Vous n'avez fait *aucun* effort, et ne pouvez conserver *nul* espoir, etc.

EXERCICE 23ᵉ.

Le monde est un *tout* immense, dont *tout* les parties forment à leur tour autant de *tout* distincts non moins admirables que le premier.

Tout m'ont paru déterminés à *tout* souffrir plutôt que de si indignes traitements.

Tout m'osaient menacer, je les ai bravés *tout*.

Cette infortune ne pouvait être secourue que par des femmes : *tout* ont été à la hauteur de leur mission, *tout* ont fait *tout* les sacrifices qu'il a fallu.

Ils ont agi en *tout* bien, *tout* honneur, s'appliquant à *tout* leurs devoirs et les remplissant *tout*. Maintenant ils peuvent braver *tout* les reproches, et défier *tout* les regards.

Tout grands que sont les rois, ils sont ce que nous sommes,

[mes,

Et peuvent se tromper comme les autres hommes.

Tout consolante que paraît cette perspective, *tout* nos douleurs ne sont pas finies.

L'incendie éclata *tout* à coup ; en un instant, la maison parut *tout* en feu.

Cette femme est devenue *tout* autre qu'on ne l'avait connue, on la voit maintenant *tout* entière à ses occupations.

Soyons *tout* yeux et *tout* oreilles lorsqu'il s'agit de nous instruire, *tout* nous en fait une loi.

J'avoue que *tout* autre carrière me plairait davantage; mais *tout* position n'étant après *tout* que ce qu'on la fait, je l'accepte comme pouvant devenir avantageuse.

Je croyais à cette personne une *tout* autre assurance, et ne m'attendais pas à la voir ainsi *tout* intimidée et *tout* tremblante.

Modèle du devoir.

Comme pour l'exercice précédent.

EXERCICE 24e.

Corriger.

Quelque soient ta force et ta puissance, je ne te crains pas, disait le moucheron au lion.

Quelque puissent être nos infortunes, supportons-les sans nous plaindre, comme il convient à des hommes.

Quelque paraissent son esprit et sa science, qu'est-ce que *quelque* mots qu'il a appris, *quelque* règles qu'il a retenues, à côté de ce qui lui reste à apprendre?

Quelque avantages que vous promette une mauvaise action, ne la faites pas ; *quelque* périls nombreux que présente un acte de vertu, n'hésitez pas à l'accomplir.

Quelque grands efforts que nous ayons faits, notre tâche n'est pas remplie, *quelque* peu qu'il nous reste à faire.

Quelque soit l'ardeur que vous avez montrée pour l'étude *quelque* persévérance que vous y ayez apportée, *quelque* succès même que vous y ayez obtenus, gardez-vous de vous relâcher en rien.

Quelque prudents qu'on les dise, que de fois ils se sont compromis!

Quelque puissants que nous soyons, n'oublions pas que nous sommes des hommes.

Les ignorants ne repoussent aucune croyance, *quelque* absurde qu'elle puisse être.

Quelque rigides que paraissent les maximes de la vertu, et *quelque* en semble la dureté, il faut la pratiquer sans aucune faiblesse.

L'humanité a bien réalisé *quelque* progrès depuis *quelque* soixante-quinze ans qu'elle lutte contre l'ignorance.

Quelque pauvres que soient ces malheureux, ils n'ont pas cessé pour nous d'être hommes.

Quelque grands savants que vous soyez, vous ne devez mépriser personne.

Modèle du devoir.

DE VIVE VOIX. — *Quelles que* forme deux mots, parce qu'il est devant un verbe : l'adjectif *quelles*, féminin, pluriel, se rapportan à *force* et à *puissance*, et la conjonction *que*, etc.

PAR-ÉCRIT. — *Quelles que* soient ta force et ta puissance, etc.

MODES ET TEMPS.

Voir les conjugaisons.

EXERCICE 25e.

L'homme (agir, indic. pr.) plus qu'il ne (penser, indic. pr.), de là (venir, indic. pr.) tant d'incertitudes et d'erreurs.

Les premiers hommes se (nourrir, indic. imp.) de gland, et (ignorer, indic. imp.) toutes les aisances et commodités de la vie.

Le chemin qui (conduire, indic. pr.) aux richesses, n'est pas celui qui (conduire) au bonheur.

Un roi qui ne (songer, indic. pr.) qu'à se faire craindre, (être) le fléau du genre humain. Il (être) craint comme il le (vouloir) être, mais il (être) haï, et il (avoir) encore plus à craindre de ses sujets que ses sujets n'(avoir) à craindre de lui.

Lorsque tout (être, indic. pr.) en feu par la guerre, les lois (languir), les arts et l'agriculture (être) négligés.

Celui qui (mettre, indic. pr.) un frein à la fureur des flots, (Savoir) aussi des méchants arrêter les complots.

Les plaisirs (coûter, indic. pr.) cher et ne (donner) pas le bonheur ; la vertu le (donner) et ne (coûter) rien.

Les événements que nous (voir, indic., p. ind.), nous (faire, indic. p. ind.) croire à la Providence. C'est elle qui les (conduire, indic. p. ind.), et les hommes n'en (être, indic. p. ind.) que les ministres et les instruments.

Les Romains (étonner, indic. p. ind.) le monde par la gran-

deur des actions qu'ils (faire); les peuples qui les (pr...),
ceux qui les (suivre), n' (faire) rien de comparable.

Pendant que les autres philosophes (enseigner, indic. ...)
la connaissance de la nature, Socrate (recommander) ...
de soi-même.

Lorsque vous (souffrir, indic. p. ind.), j' (souffrir) autant
que vous, et je me (désoler, indic. imp.) de mon impuissance
à vous secourir.

Modèle du devoir.

L'homme *agit* plus qu'il ne *pense*, etc., etc.

EXERCICE 26e.

Oreste et Pylade (être, indic. p. ind.) de vrais amis, qui se
(dévouer, indic. p. ind.) l'un pour l'autre. Le premier (être,
indic. p. q. parf.) condamné à mourir; mais ceux qui (vouloir,
indic. imp.) sa mort, ne le (connaître) pas, et Pylade (préten-
dre) que c'(être) lui-même qui (être) Oreste, tandis que, de son
côté, Oreste (soutenir) que c'(être) lui.

Ces esclaves lui (dire, indic. imp.): N'(être, indic. imp.)
nous pas des hommes aussi bien que toi? Comment (pouvoir)-
tu croire que tu (être) un dieu, et ne (falloir)-il pas te souvenir
que tu (être) de la race des autres hommes?

La nature, quand elle nous (créer, indic. p. déf.), (mettre)
en nous l'instinct du bien; elle y (graver) en traits de feu la
loi du dévouement et de la bienfaisance.

Démosthène (être, indic. p. déf.) un orateur puissant. Il
(lutter) avec acharnement contre la nature, et (sortir) victorieux de la lutte.

Les premiers hommes (devoir, indic. p. déf.) être étonnés
plus que nous ne le (être, indic. pr.), du spectacle que leur
(présenter) l'univers.

La gloire (trahir, indic. p. ind.) souvent ses adorateurs;
jamais la vertu n' (tromper) les siens.

Quand nous nous (apercevoir, indic. p. ant. déf.) que nous
nous (tromper, indic. p. q. p.), il (être) trop tard.

C' (être, indic. pr.) à Washington que l'Union américaine
(devoir, indic. p. ind.) sa liberté. C' (être) par lui que ce vaste
pays (être, indic. p. déf.) affranchi du joug des Anglais. Que
de difficultés il (avoir, indic. p. déf.) à vaincre. Il lui (falloir)

combattre contre l'ennemi extérieur, contre l'ambition, et contre la lassitude et le découragement. Jamais il ne se (laisser) ni éblouir par le succès, ni abattre par le revers. Il (lutter) avec fermeté et persévérance aussi bien dans les conseils que sur les champs de bataille ; et il (finir) par un trait d'héroïsme qui (n'appartenir, indic. pr.) qu'à lui : il (refuser) de régner sur les siens, et se (contenter) de les avoir sauvés.

Modèle du devoir.

Comme pour l'exercice précédent.

EXERCICE 27e.

Ce que nous (vouloir, indic. fut. abs.) fermement, nous le (pouvoir) ; quand donc il nous (arriver) d'échouer, c' (être, indic. pr.) que la volonté nous (faire, indic. fut. ant.) défaut.

La récompense de la vertu (être, indic. fut. abs.) la vertu même, c' (être, indic. pr.)-à-dire, le bonheur qui nous en (revenir) quand nous l' (pratiquer, indic., fut. ant.).

Vous ne (être, indic. fut. abs.) heureux que lorsque vous (comprendre, indic., fut. ant.) la loi du devoir, et que vous en (faire, indic., fut. ant.) la règle de votre conduite.

Nous nous (faire, indic. fut. abs.) à nous-mêmes notre destinée bonne ou mauvaise selon la conduite que nous (tenir).

Vous (récolter, indic., fut. abs.) ce que vous (semer, indic., fut. ant.)

Les richesses dont nous (hériter, indic., fut. ant.), les honneurs dont nous (être, indic., fut. ant.) revêtus, ne nous (sauver, indic., fut. abs.) point du trépas ; mais notre savoir et nos bonnes mœurs (pouvoir) en adoucir l'amertume et nous (aider) à mourir.

Vous ne (mériter, indic., fut. abs.) que par vos œuvres, et ne (racheter) que par elles le mal que vous (commettre, indic., fut. ant.).

On se (repentir, indic., fut. abs.) tôt ou tard d'avoir mal vécu : celui qui (passer, indic., fut. ant.) sa jeunesse dans l'oisiveté, (passer, indic., fut. abs.) sa vieillesse dans la misère.

Si l'on (écouter, indic. imp.) la voix de la conscience, on

(éviter, condit. pr.) le mal, on (faire) le bien, on (vivre) en paix et en santé, et l'on n'(avoir) besoin ni de loi, ni de juge, ni de médecin.

Je (arriver, condit. pas.) plus tôt sans le grave accident qui m' (survenir, indic., pas. ind.).

On (prouver, condit. pr.) facilement que toutes les fautes (venir, indic. pr.) de l'ignorance. S'il (dépendre, indic. imp.) de moi, tous (être, condit. pr.) instruits.

Que de connaissances nous (acquérir, condit. pas.) si nous (employer, indic. p. q. p.) à l'étude tous les moments que nous (pouvoir, condit. pas. 2e forme) y donner !

Modèle du devoir.

Comme le précédent.

EXERCICE 28e.

(Courir, impér.) où l'honneur t' (appeler, indic. pr.), ne (reculer, impér.) jamais devant un devoir à remplir.

(Défier, impér.)-nous de nous-mêmes, et (prendre, impér.) conseil d'autrui.

(Travailler, impér. 2e du pl.), (prendre, impér., 2e du pl.) de la peine, c' (être, indic. pr.) le fonds qui (manquer, indic. pr.) le moins.

(Secourir, impér., 1re du pl.) le malheureux, (consoler, impér. 1re du pl.) l'affligé, (tendre, impér. 1re du pl.) la main à celui qui (faire, indic. pr.) naufrage.

Il (importer, indic. pr.) que nous (être, subj. pr.) instruits de nos devoirs, afin que nous les (remplir, subj. pr.) ; et de nos droits, afin que nous (pouvoir, subj. pr.) les défendre.

Quelque bien que nous (désirer, subj. pr.) obtenir, il (falloir, indic. pr.) que nous le (mériter, subj. pr.) par le travail. Dieu (vouloir, indic., p . ind.) que rien ne (être, subj. pr.) donné qu'à nos efforts.

Je (vouloir, condit. pr.) que l'homme (comprendre, subj. imp.) bien sa dignité, afin qu'il en (faire, subj. imp.) comme la parure et l'ornement de sa personne.

Dieu (donner, indic. p. ind.) à notre corps des pieds et des mains pour qu'il (agir, subj. pr.) ; et à notre esprit, la raison pour qu'il l' (écouter, subj. pr.) et la (suivre).

Quels que (pouvoir, subj. pr.) être les maux de la vie, il

(être, indic. pr.) de notre dignité que nous les (supporter, subj. pr.) avec courage.

Modèle du devoir.

Comme le précédent.

ACCORD DU VERBE AVEC LE SUJET.

358-361. Le verbe s'accorde avec son sujet en personne et en nombre.

Quand il a plusieurs sujets, il est pluriel.

Quand ses sujets ont des personnes différentes, il s'accorde avec la plus élevée de ces personnes.

Quand le verbe a plusieurs sujets joints par *ou*, il ne s'accorde qu'avec le dernier.

Quand les sujets sont joints par *ni*, le verbe s'accorde avec tous si *ni* renferme *et*; mais seulement avec le dernier si *ni* renferme *ou*.

Exemples : *Ni Pierre ni Paul ne sont coupables* (Pierre *et* Paul pourraient être coupables). — *Ni Pierre ni Paul ne sera élu à cette place* (on n'élira que Pierre *ou* Paul).

Quand les sujets d'un verbe sont synonymes, ou placés par gradation, le verbe ne s'accorde qu'avec le dernier.

Quand les sujets sont joints par les expressions *comme, ainsi que, aussi bien que,* et autres de ce genre, le verbe ne s'accorde qu'avec celui ou ceux qui précèdent *comme, ainsi que,* etc.

EXERCICE 29ᵉ.

Choisir le mot convenable.

Le travail et la vertu (rend *ou* rendent) seuls la vie heureuse.

La richesse et la gloire nous (séduit *ou* séduisent) et nous (trompe *ou* trompent).

Son frère et lui (mérite *ou* méritent) également notre estime; l'un et l'autre (s'est *ou* se sont) montrés dignes de tout l'intérêt qu'on leur porte.

Le ciel et la terre (passera *ou* passeront), mais la justice ne passera point.

Vous et moi (comprends *ou* comprenons) seuls la chose, et (puis *ou* pouvons) seuls répondre du fait.

Vous et lui (deviez *ou* devait) prévoir ce qui vous arrive, mon frère et moi vous (avait *ou* avions) prévenus.

Lui ou elle (a fait *ou* ont fait) la chose, n'en accusez que l'un des deux.

Mon frère et moi (répondra *ou* répondront) pour vous, si ni l'un ni l'autre(ne peut *ou* ne peuvent) payer.

L'un ou l'autre prix vous (reviendront *ou* reviendra), je l'espère, sinon tous les deux.

Caton ne voyait que la justice, ni crainte ni espoir ne (pouvait *ou* pouvaient) rien sur lui.

C'étaient des cœurs de pierre que jamais (n'avait *ou* n'avaient) attendris ni le malheur ni la vertu.

Ni l'un ni l'autre (n'obtiendra *ou* n'obtiendront) cette direction, car ni l'un ni l'autre ne (dispose *ou* disposent) d'assez puissants protecteurs.

Il ne reste qu'une place vacante : ni l'un ni l'autre n'en (est *ou* sont) dignes, ni l'un ni l'autre ne (l'aura *ou* auront).

Sa valeur, son intrépidité (a *ou* ont) entraîné toute l'armée et déterminé la victoire.

Quand la loi, la patrie au secours nous (appelle *ou* appellent).

Qui refuse est un lâche, et qui fuit, un rebelle.

La puissance, comme la gloire n' (est *ou* sont) qu'une fumée enivrante, une vaine pâture pour l'ambition et la vanité.

Votre destinée, aussi bien que la nôtre (dépendent *ou* dépend) d'un caprice, d'un rien.

Modèle du devoir.

DE VIVE VOIX. — *Rendent* à la 3ᵉ pers. du plur., parce qu'il a deux sujets de la 3ᵉ pers., etc.

PAR ÉCRIT. — Le travail et la vertu *rendent* seuls, etc.

C'EST, CE SONT.

479-482. Le verbe *être* accompagné de *ce* s'écrit à la 3ᵉ personne du pluriel ou du singulier :

1° Du pluriel quand il est suivi d'un substantif (nom ou pronom) pluriel autre que *nous*, *vous*, ou d'une série de substantifs formant une énumération complète.

2° Du singulier dans tous les autres cas.

Les verbes *pouvoir* et *devoir*, suivis de *être*, suivent la même règle.

EXERCICE 30°.

Remplacer l'infinitif.

Ce (être, indic. imp.) des amis éprouvés, qui nous ont aidés quand ils étaient heureux : (être, condit. pr.)-ce nous qui les laisserions dans le malheur ?

Ce (être, indic. pr.) des enfants appliqués, ils réussiront s'ils persévèrent comme ils ont commencé.

(Être, condit. pr.) -ce bien vous qui pourriez les avoir trahis, quand ce (être, indic. pr.) à eux que vous devez tout ?

(Être, indic. imp.)-ce de pareils exemples qu'il fallait offrir à de tout jeunes enfants ?

Trois choses sont nécessaires à un jeune homme. Ce (être, indic. pr.) la modestie, l'amour du travail et l'instruction ; mais deux lui sont particulièrement indispensables, ce (être, indic. pr.) les deux premières.

La prudence, la justice, la modération et l'empire sur soi-même : ce (être, indic. pr.) là les vrais biens, les seuls, par conséquent, que nous devions rechercher.

Ce qui vaudrait mieux que les richesses, ce (être, condit. pr.) le calme et la paix, ce (être, condit. pr.) le témoignage d'une bonne conscience et l'estime des honnêtes gens.

Ce (devoir, indic. pr.) être des tortures bien cruelles que les remords.

Ce (être, indic. pr.) l'ambition et l'avarice qui, de toutes les passions, causent le plus de ravages parmi les hommes.

Ce ne (être, indic. pr.) ni Rousseau, ni Voltaire, ce (être, indic. pr.) les abus de la force qui ont amené la Révolution.

Ce (être, indic. pr.) vous ou moi qui sommes responsables du fait, ce ne (être, indic. pr.) pas eux à qui vous devez vous en prendre.

Ce (être, indic. pr.) l'union et la concorde qui assurent la paix des familles et la stabilité des États.

Ce ne (être, condit. pr.) pas des biens que tous ces avantages si vantés, s'ils n'étaient accompagnés du plus précieux de tous, qui est la vertu.

Modèle du devoir.

DE VIVE VOIX. — *C'étaient* est à la 3e personne du pluriel, parce qu'il est suivi d'un nom pluriel.

PAR ÉCRIT. — *C'étaient* des amis éprouvés, qui, etc., etc.

PARTICIPE PRÉSENT.

290-296. Le participe présent est invariable.

Un mot verbal en *ant* est participe présent, en général, quand il marque une action ; et plus particulièrement :

1° Quand il est ou qu'il peut être précédé de la préposition *en*.

2° Quand il a un complément direct.

3° Quand on peut le changer en verbe personnel à l'aide d'une conjonction complétive.

Le mot verbal en *ant* est au contraire adjectif et variable, en général, quand, au lieu d'une action, il marque un état.

EXERCICE 31e.

Corriger.

C'est en *obéissant* de bonne heure que l'on apprend à commander un jour.

Vous ne deviendrez habiles qu'en *travaillant* beaucoup ; ceux qu'on voit toujours *dormant* ou *flânant*, ne seront jamais des hommes capables et des génies *brillant*.

Nulle part on ne trouve des sites plus *charmant* et des paysages plus *ravissant* que dans nos Alpes du Dauphiné et de la Savoie.

Ceux qu'on voit *étalant* le plus de luxe envient peut-être sous ces dehors *brillant* le sort des misérables qui vont *mendiant* leur pain.

Des acteurs *grimaçant*, des chanteurs *glapissant*, et dix actes nullement *intéressant* : voilà le spectacle que nous avons eu.

En *travaillant* comme vous le faites, il n'est pas *étonnant* que vous alliez toujours *faisant* de nouveaux progrès; et nous ne doutons pas que d'*éclatant* succès ne couronnent des efforts si *persévérant*.

On les voyait *haletant* de fatigue, *se soutenant* à peine, et *menaçant* de tomber à chaque pas.

Défiez-vous des ambitieux : on les voit *professant* les plus pures doctrines, et, l'instant d'après, *démentant* leurs paroles par leurs actions.

Au milieu des prés *riant*, j'aimais à voir *bondissant* autour de leurs mères les agneaux *bêlant*.

La grotte était tapissée d'une jeune vigne, *étendant* de tous côtés ses bras *verdoyant* et souples; et les zéphirs, *conservant* en ce lieu toute leur fraîcheur, y entretenaient, malgré un soleil *brûlant*, une température agréable et douce.

Quoi de plus *imposant* que l'aspect des hautes montagnes, ou de plus *effrayant* que celui d'une mer en courroux !

Modèle du devoir.

DE VIVE VOIX. — *Obéissant* est un participe présent, parce qu'il est précédé de la préposition *en*, etc.

PAR ÉCRIT. — C'est en *obéissant* de bonne heure, etc., etc.

EXERCICE 32°.

Corriger.

Je ne verrai plus la chèvre *grimpant*, *pendant* au roc chargé de broussailles, ni l'abeille *bourdonnant*, *puisant* au sein des fleurs les sucs *nourrissant* dont elle compose sa douce ambroisie.

Nous nous étions arrêtés tout *tremblant* devant la terrible éruption. Une nuit sombre se *répandant* autour de nous, nous enlevait la vue des objets. Nous entendions seulement dans les ténèbres les enfants, les femmes et les vieillards *poussant* des lamentations et des cris *déchirant*.

Figure-toi Pyrrhus, les yeux *étincelant*,
Entrant à la lueur de nos palais *brûlant*.

On voyait au moyen âge les chevaliers *chevauchant*, *bravant* les hasards, *luttant* corps-à-corps, et *s'entre-tuant* avec une rage de bêtes fauves.

C'était un spectacle des plus *attendrissant* que de voir la mère de Darius *pleurant* la mort d'Alexandre, *refusant* toute nourriture et se *laissant* mourir pour ne pas lui survivre.

> Surtout gardez-vous bien, mémoires *chancelant*,
> De montrer dans vos yeux deux prunelles *roulant*.

C'est un spectacle vraiment digne des regards de la divinité que celui d'une âme courageuse *bravant* les coups du sort et *luttant* avec énergie contre l'adversité.

Les savants vont toujours *dérangeant* les livres dans leur bibliothèque, mais *classant* et *rangeant* les idées dans leur esprit ; au lieu qu'on ne voit jamais les ignorants ni *disposant* rien dans leur esprit, ni *dérangeant* rien dans leur bibliothèque.

Nous sommes venus à la vie *criant* et *pleurant*, *n'apportant* d'autres biens qu'une raison débile et des membres *souffrant*; nous en sortirons *gémissant* ou tranquilles selon nos bonnes ou mauvaises actions.

Modèle du devoir.

Comme le précédent.

EXERCICE 33e.

Corriger.

Nous aperçûmes des dauphins dont les écailles *brillant* paraissaient d'or et d'azur. En se *jouant* ils soulevaient les flots avec beaucoup d'écume. Derrière eux venaient les tritons *sonnant* de la trompette avec leurs conques recourbées. On les voyait *allant* et *venant* autour du char d'Amphitrite, traîné par des chevaux marins plus blancs que la neige, qui, *fendant* l'onde salée, laissaient loin derrière eux un vaste sillon dans la mer. Leurs yeux étaient *étincelant* et leur bouche *fumant*. Le char était une conque d'une blancheur *éclatant*, et les roues étaient d'or. Derrière venaient des nymphes *nageant* en foule, couronnées de fleurs, et leurs cheveux *flottant* sur leurs épaules. La Déesse tenait d'une main un sceptre d'or, et de l'autre le petit dieu Palémon *pendant* à sa mamelle. Une grande voile de pourpre flottait dans l'air au-dessus du char, et une foule de petits zéphirs l'*enflant* à demi, s'efforçaient de la pousser de leurs haleines. On voyait Éole *s'agitant* au milieu des airs, et *cherchant* à contenir les vents de sa voix *menaçant*.

Les ambitieux profitent rarement des malheurs d'autrui, se *croyant* sans doute maîtres de la fortune, ou *espérant* se montrer supérieurs aux événements.

Il n'y a point d'emploi qui n'impose des soins pénibles ou *gênant*; en *étendant* sa puissance, on ne fait que multiplier ses devoirs.

Ils habitaient des cavernes profondes, *vivant* de leur chasse, *errant* le jour dans ces vastes solitudes, et la nuit *reposant* sur des herbes ou des mousses, qu'ils avaient cueillies *poussant* çà et là, et dont ils avaient tapissé le fond de leurs demeures.

Modèle du devoir.

Comme les deux précédents.

PARTICIPE PASSÉ.

RÈGLES GÉNÉRALES.

302-304. Quand le participe passé est sans auxiliaire, c'est un adjectif verbal, variable.

Quand le participe passé est accompagné de *être* (non mis pour *avoir*), il s'accorde toujours avec le sujet du verbe.

Quand le participe passé est avec *avoir* ou avec *être* pour *avoir*, il s'accorde seulement avec son complément direct, pourvu qu'il en soit précédé.

Ce sont là les règles générales déjà vues.

EXERCICE 34e.

Corriger.

Épuisé de fatigue, ils s'arrêtaient à chaque pas; puis, à peine *revenu* à eux, ils reprenaient leur route, *soutenu* par la seule espérance de retrouver leurs compagnons *perdu*.

Notre faiblesse, souvent *reconnu* par nous-mêmes, devrait nous tenir en garde contre des périls jusqu'ici follement *bravé*.

Il y a des hommes *réputé* sages qui, *estimé* ce qu'ils sont en réalité, ne nous sembleraient que de pauvres fous.

Tombé d'une haute position, elle vivait *oublié* des grands, et uniquement *occupé* d'actes de bienfaisance.

Leur mérite n'est *méconnu* de personne, leurs qualités sont *admiré* de tous.

La vertu seule doit être *recherché*; pourquoi les richesses sont-elles *convoité* avec tant de passion, et les plaisirs *envié* à ce point par l'universalité des hommes?

Bien des villes ont été *détruit* par la guerre, bien des pays *ravagé*, sans que ces dévastations aient été *payé* par autre chose que les fumées d'une vaine gloire.

Nos moments sont *perdu* dès qu'ils ne sont pas *consacré* au travail et à la pratique du bien.

Nous sommes *arrivé* juste pour voir que tout était *terminé*.

On est *entraîné* malgré soi par l'habitude, et l'on ne s'aperçoit bien souvent du mal que lorsqu'il est *fait*.

A tort ou à raison, l'émulation a toujours été *regardé* comme le meilleur moyen de conduire les hommes, et cette méthode leur est *appliqué* dès l'enfance.

Mon Dieu, j'ai *combattu* soixante ans pour ta gloire;
J'ai *vu* tomber ton temple et périr ta mémoire.

Les malheurs que j'ai *éprouvé* ont *affermi* mon courage contre de nouvelles infortunes.

La gloire que ce conquérant avait *acquis* a *péri* avec lui; ce qui lui a *survécu*, c'est le souvenir des maux qu'il a *fait*.

EXERCICE 35e.

Corriger.

Nous avons vainement *essayé* de réparer les moments que nous avions *perdu*, mais la leçon aura *profité*.

Je n'ai jamais *cru* véritablement grands ceux que j'ai *vu* fiers et superbes avec les petits, car je les ai toujours *vu* rampant devant de plus grands qu'eux.

Nous nous sommes *aperçu* trop tard que, bien qu'ils se fussent *dit* nos amis, ils s'étaient *séparé* de nous depuis longtemps, et ne s'étaient *occupé* que de leurs intérêts.

Nous nous étions *figuré* que tous les hommes sont bons et compatissants; c'est que nous nous les étions *figuré* sur l'image de notre propre cœur.

Le tort que vous vous êtes *fait* est incalculable. Assurément vous ne vous en étiez pas *douté*, mais il ne s'écoulera pas beaucoup de temps avant que vous vous en soyez *aperçu*.

Quand il ne fallait que parler, tous se sont *renfermé* dans un lâche silence, et pas un ne s'est *présenté* pour défendre une cause si juste.

Nous serions-nous *douté* qu'ils se seraient si tôt *écarté* des bons principes que leurs parents leur avaient *inculqué?*

C'est par la peine que s'est *donné* un auteur à perfectionner son ouvrage, que sont *épargné* au lecteur la fatigue et l'ennui.

C'est leur propre gloire, plutôt que le bonheur des peuples, que se sont toujours *proposé* les méchants rois.

Les autres législateurs s'étaient *borné* à empêcher le mal, les lois de Lycurgue se sont *proposé* de faire naître le désir du bien.

Modèle du devoir pour les deux exercices.

DE VIVE VOIX. — *Épuisés* est masculin pluriel. — C'est un participe sans auxiliaire, s'accordant comme adjectif avec *ils*, etc.

PAR ÉCRIT. — *Épuisés* de fatigue, ils s'arrêtaient à chaque pas; puis, à peine *revenus* à eux, etc., etc.

PARTICIPE PASSÉ SUIVI D'UN INFINITIF
EXPRIMÉ OU SOUS-ENTENDU.

485. Quand le participe passé est suivi d'un infinitif (avec ou sans préposition), il s'accorde avec le mot répondant à la question *qui?* ou *quoi?* si ce mot peut être mis par la pensée entre le participe et l'infinitif.

Le participe suivi d'un infinitif sous-entendu est invariable.

Est également invariable le participe *fait* suivi d'un infinitif.

EXERCICE 36e.

Corriger.

Les rois que l'on a *vu* opprimer leurs sujets s'en sont *vu* haïr et détester.

Que d'empires on a *vu* s'écrouler depuis que le monde existe! et c'est toujours par les mêmes causes qu'on les a *vu* tomber.

Si vous nous avez *vu* mépriser les injustes reproches que nous nous sommes *entendu* adresser, ce n'est pas que nous ne nous soyons *senti* froisser par de telles imputations ; mais nous avons *su* contenir notre colère, espérant que justice nous sera rendue.

Les personnes que j'ai *vu* admettre n'étaient guère moins mécontentes que celles que j'ai *vu* refuser.

Les règles qu'on nous avait *donné* à étudier, nous avaient *semblé* offrir tout d'abord des difficultés insurmontables ; mais elles ont peu à peu *cessé* de nous paraître telles, à mesure que nous les avons *vu* démontrer, et surtout que nous avons *essayé* de les mettre en pratique.

Nous avons agi comme nous avons *su*, et fait tous les efforts que nous avons *pu* et *dû.*

Ceux qui auront fait toutes les bonnes œuvres qu'ils auront *pu*, auront rempli par cela même tous les devoirs de la charité.

Je n'ai *cessé* de vous donner tous les conseils que j'ai *pu*, mais convenez que vous n'avez pas *mis* à les suivre tous les soins que vous auriez *dû.*

Nous avons *gagné* sa confiance au point d'en obtenir à peu près toutes les facilités que nous avons *voulu.*

Vous auriez *payé* plus tôt cette somme si c'était à un autre que vous l'eussiez *dû.*

Ils ont reconnu tous les services qu'ils peuvent nous avoir *dû.*

EXERCICE 37ᵉ.

Que d'hommes se sont *laissé* aller à la malheureuse envie des richesses ! que d'autres se sont *laissé* dominer par l'orgueil et la vanité, et combien peu on en a *vu* se maintenir fermes contre les mille passions qui assiégent l'humanité.

Les troupes que nous avons *vu* arriver dans nos murs, sont celles mêmes qu'on a *vu* récemment faire une si belle figure devant un ennemi dix fois plus nombreux.

Comment aurions-nous *pu* nous défendre, nous étant *vu* trahir si indignement ?

Ils se sont *fait* applaudir par la salle tout entière à chacun des morceaux qu'ils ont *fait* entendre.

Nous serions tout consolés de la perte que nous ont *fait* subir ces brigands, si nous les avions *vu* arrêter.

La France doit être fière des grands génies qu'elle a *vu* naître.

Ne croyons pas que les injustices qu'on aura *fait* souffrir aux hommes puissent rester impunies.

Les deux orateurs que nous avons *entendu* parler aujourd'hui nous ont émerveillés par la beauté des discours que nous les avons *entendu* prononcer.

Les sciences que l'on nous aura *fait* apprendre seront pour nous un jour le plus précieux des trésors.

Ils se sont *fait* tromper dans cette affaire pour n'y avoir pas mis toute l'attention qu'ils auraient *dû*.

Ces malheureux se sont *vu* dépouiller de tout ce qu'ils possédaient.

Quand elle s'est *vu* soupçonner ainsi, elle n'a *pu* contenir son indignation.

Nous nous sommes *senti* frapper au cœur par un coup si cruel.

Nous nous sommes *aimé* depuis notre enfance, et cette amitié ne s'est jamais *démenti*. On nous a *vu* nous réjouir ensemble dans le bonheur l'un de l'autre, et pareillement nous affliger ensemble dans l'adversité ; et jamais nous n'avons *vu* s'écouler une heure, une minute que nous ne nous soyons *occupé* lui de moi, moi de lui.

Modèle du devoir, pour les deux exercices (36, 37).

De vive voix. — *Vus* est un participe suivi d'un infinitif. — Il est masculin, pluriel, se rapportant à *rois* représenté par *que*, parce que *rois* peut se mettre entre le participe et l'infinitif. On a vu *les rois* opprimer leurs sujets.

Par écrit. — Les rois que l'on a *vus* opprimer, etc., etc.

PARTICIPE D'UNIPERSONNEL.

486. Le participe du verbe unipersonnel est invariable.

EXERCICE 38ᵉ.

Corriger.

Quels beaux jours il a *fait* ces temps derniers!

Il est rare que nous oubliions ni les grandes choses qu'il nous a été *accordé* de voir, ni les belles pages qu'il nous est *arrivé* de lire, ni surtout une bonne action qu'il nous a été *donné* d'accomplir.

Il y a *eu* pendant les dernières pluies qu'il a *fait*, plus de maladies que pendant les longs froids qu'il y avait *eu* précédemment.

Que de désastres il nous était *réservé* de voir, que nous n'avions jamais vus! Avant ce temps, au milieu de la sécurité la plus trompeuse qu'il y ait jamais *eu*, il nous avait toujours *paru* démontré que nous étions inattaquables.

Que d'années, de siècles même il s'est *écoulé*, depuis qu'il ne s'était *passé* d'aussi tristes événements!

La personne à laquelle il vous est *venu* l'idée de vous adresser, était la seule peut-être à laquelle il vous fût *interdit* de le faire.

C'est étonnant quelle quantité de marchandises de toute espèce il s'est *fabriqué*, *vendu*, et *exporté* cette année.

Modèle du devoir.

De vive voix. — *Fait* est invariable comme participe passé de verbe unipersonnel (ici employé unipersonnellement), etc.

Par écrit. — Quels beaux jours il a *fait* ces temps derniers, etc.

PARTICIPE PASSÉ PRÉCÉDÉ DU PRONOM *EN*.

487. Quand le participe passé est précédé du pronom *en*, il ne peut s'accorder ni avec *en*, ni avec le substantif que *en* représente ; mais il peut s'accorder avec un autre.

EXERCICE 39ᵉ.

Corriger.

S'ils ont reçu de l'instruction, ils en ont *profité ;* nous en avons *reçu* aussi et plus qu'eux ; quels fruits en avons-nous *retiré ?*

Les animaux devraient faire rougir l'homme de son ingratitude ; combien on en a *vu*, parmi les plus sauvages, reconnaître envers leurs bienfaiteurs les services qu'ils en avaient *reçu !*

Notre siècle aura vu plus de grandes choses que n'en ont *vu* beaucoup de siècles antérieurs.

Cette découverte méritait plus d'encouragements qu'elle n'en a *obtenu*, pour les avantages qu'elle promet, et pour ceux qu'on en a déjà *retiré*.

L'étude nous a tout d'abord présenté plus d'attrait que nous n'en avions *attendu* ; et l'idée qui nous en est *resté*, est, il faut bien le dire, tout autre que celle que nous nous en étions *formé*.

Bien des choses nous ont alors manqué. Lorsque nous nous en sommes *aperçu*, nous nous en sommes tout simplement *passé*, sans nous en être *inquiété* autrement que si en effet elles n'avaient jamais existé.

Autant il a rencontré d'ennemis, autant il en a *vaincu* ; autant de provinces se sont refusées à lui obéir, autant il en a *forcé* à la soumission.

La fortune qu'on lui a reproché d'avoir acquise, il l'avait amassée par le travail, et il en a *joui* sans remords.

Nous nous serions reproché nos conquêtes si nous nous en étions *emparé* comme eux par l'injustice et par la trahison.

Vous parlez de villes bâties ou épargnées par les conquérants ; combien plus n'en ont-ils pas *renversé !*

Pour quelques moments que nous avons bien employés, combien nous en avons *perdu !*

Modèle du devoir.

DE VIVE VOIX. — *Profité* est un participe neutre avec *avoir*, par conséquent, invariable ; *en* dont il est précédé, ne peut le faire varier. *Reçu* reste masculin, singulier, parce que, précédé de *en*, il n'y a pas d'autre mot avec lequel il puisse s'accorder. Mais *retirés*, quoique précédé de *en*, est masculin, pluriel, se rapportant non à *en*, mais à *fruits*, etc.

PAR ÉCRIT. — S'ils ont reçu de l'instruction, ils en ont *profité*. Nous en avons *reçu* autant et plus qu'eux : quels fruits en avons-nous *retirés*, etc.

PARTICIPE PASSÉ PRÉCÉDÉ DE *L'*.

488. Quand le participe est précédé de *l'*, il est invariable si *l'* est mis pour *le;* mais féminin singulier, s'il est mis pour *la*.

EXERCICE 40e.

Corriger.

Son instruction est plus étendue que nous ne l'avions *pensé,* et sa modestie plus grande qu'on ne l'avait *dit.*

Telle personne que l'on s'était figurée sage et prudente, l'est quelquefois bien moins que l'on ne se l'était *imaginé :* ce qui prouve que notre manière de voir n'est pas toujours aussi sûre que nous pourrions l'avoir *cru.*

La difficulté était moins sérieuse que nous ne nous l'étions d'abord *persuadé ;* c'est que nous ne l'avions pas *étudié* avec autant d'attention qu'il l'aurait *fallu.*

Je croyais cette doctrine généralement adoptée ; si elle l'est *devenu* moins, comme on me l'a *assuré,* cela ne peut venir que de ce qu'on ne l'a pas *compris.*

La récolte est plus belle qu'on ne l'avait *espéré.*

Nous avons rencontré de sa part plus de difficultés que nous ne l'avions *prévu.*

Il a fait moins bonne contenance que je ne l'aurais *cru,* et que ne l'avaient *espéré* ses apologistes.

L'affaire s'est trouvée tout autre que vous ne nous l'aviez d'abord *présenté,* et vous avez abusé de notre confiance plus que vous ne l'auriez *dû.*

L'humanité est meilleure qu'on ne l'a *dit* jusqu'à présent, et la vertu moins rare qu'on ne paraît l'avoir *cru.*

Elle s'est montrée aussi généreuse que nous l'avions *espéré,* aussi franchement bonne que nous nous l'étions *promis.*

La maison est moins grande que je ne l'avais *pensé.* Je l'aurais *voulu* aussi plus commode que je ne l'ai généralement *trouvé.*

Modèle du devoir.

DE VIVE VOIX. — *Pensé* est invariable, parce que *l'* qui le précède, est mis pour *le*, etc.

PAR ÉCRIT. — Son instruction est plus étendue que nous ne l'a-vions *pensé*, et sa modestie plus grande qu'on ne l'avait *dit*. etc.

PARTICIPE PASSÉ PRÉCÉDÉ DE *LE PEU*.

489. Quand le participe passé est précédé de *le peu*, il est invariable si *le peu* signifie le *trop peu*.

EXERCICE 41ᵉ.

Corriger.

Le peu de nourriture qu'il avait *pris*, pouvait le soutenir quelque temps encore.

Le peu de nourriture qu'il avait *pris*, était cause de la grande faiblesse qu'il éprouvait.

Le peu de progrès que nous avons *fait* (sont dus *ou* est dû à l'application que nous avons eue.

Le peu de progrès que nous avons *fait* (sont dus *ou* est dû) au peu d'application que nous avons *eu*.

Quelque peu de facilité que nous ayons *reçu* de la nature, une question si simple ne peut pas nous sembler embarras-sante.

Le peu d'encouragements qu'a *trouvé* ce malheureux artiste, a éteint en lui un génie qui ne demandait qu'à être excité et mis en lumière.

Le peu de sacrifices que nous avons *fait*, ne méritent ni tant d'éloges ni tant de reconnaissance.

Beaucoup pourraient s'expliquer par le peu de services qu'ils ont *rendu*, le peu de reconnaissance qu'ils ont *ren-contré*.

Le peu d'espérance qu'il avait *conservé*, s'est *réalisé* contre notre attente.

Le peu d'entente qu'ils ont *montré* dans toute cette affaire, explique parfaitement qu'elle n'ait pas réussi.

C'est au peu de protection que nous avons *trouvé* dans cette personne, que nous avons dû le peu de succès que nous avons *obtenu*.

Ne désespérez pas malgré le peu de bienveillance que vous avez partout *rencontré*. Ce peu de bonne volonté pouvait même être *prévu*, et il sera cause que le peu de réussite que vous aurez *obtenu*, vous ne l'aurez *dû* qu'à vous-même.

Le peu de sincérité qu'avait toujours *eu* Louis XI, justifiait pleinement le peu de confiance qui lui était *montré*.

Modèle du devoir.

DE VIVE VOIX. — *Prise* est un participe précédé de *le peu*, et s'accordant avec nourriture (représenté par *que*), parce que *le peu* ne signifie pas *le trop peu*. etc.

PAR ÉCRIT. — Le peu de nourriture qu'il avait *prise*, pouvait le soutenir, etc. etc.

PARTICIPES *COUTÉ* ET *VALU*.

490. Les participes *coûté* et *valu* sont variables : le premier quand il veut dire *causé, occasionné ;* le second quand il signifie *procuré*.

EXERCICE 42ᵉ.

Corriger.

Ne comptons pas les peines que l'étude nous a *coûté*, calculons les avantages qu'elle nous a *valu*.

Que de bien on eût pu faire avec les sommes que ces futilités ont *coûté !*

Que doit penser l'ambitieux quand il se rappelle les mépris et les haines que ses dignités lui ont *valu ?*

Un enfant ne saura jamais toutes les peines qu'il a *coûté* à ses parents.

Les avantages matériels et la considération que vous a *valu* votre conduite, vous dédommagent bien des peines qu'elle vous a *coûté*.

Les sommes énormes que cette acquisition vous a *coûté*, est-ce qu'elle les a jamais *valu ?*

Que d'égards de toutes sortes, dans le monde et ailleurs, son instruction lui a *valu !*

Les sacrifices que m'a déjà *coûté* cette famille, sont plus que payés par l'affection qu'elle me porte, et la satisfaction qu'elle m'a *valu* de l'avoir obligée.

Quelle peine vous eût-il *coûté* de surveiller cette opération ? Vous ne vous en êtes inquiété en aucune manière ; et cependant quels profits elle vous aurait *valu !*

Les hommes avides d'honneurs n'ont jamais regardé aux bassesses que le succès leur a *coûté*, mais seulement aux honneurs que ces bassesses leur ont *valu*.

Qu'est-ce que la somme qu'a *coûté* à cet homme généreux son acte de bienfaisance, à côté de la reconnaissance et de la considération qu'il lui a *valu ?*

Modèle du devoir.

DE VIVE VOIX. — *Coûtées* signifie *occasionné*, et s'accorde avec son complément direct *que* pour *peines*, féminin, pluriel, etc.

PAR ÉCRIT. — Ne comptons pas les peines que l'étude nous a *coûtées*, calculons les avantages qu'elle nous a *valus*. etc.

PARTICIPES *EXCEPTÉ, SUPPOSÉ, VU, OUI,* etc.

491. Les participes *excepté, supposé, vu, ouï, entendu, ci-joint, ci-annexé, ci-inclus, y compris,* etc., sont invariables avant le substantif, et variables après.

EXERCICE 43e.

Il semble que tout soit devenu surmontable à l'homme, *excepté* la nécessité de mourir (ou la nécessité de mourir *excepté*).

Supposé l'immobilité du soleil (ou l'immobilité du soleil *supposé*), rien de plus facile à expliquer que notre système planétaire ; rien au contraire de plus difficile, l'immobilité de notre globe *supposé* (ou *supposé* l'immobilité de notre globe).

Passé la quinzaine (ou la quinzaine *passé*), plus d'espoir.

Vu les avantages que présente l'affaire, elle mérite qu'on y donne son attention et ses soins.

Ces avantages *vu* et *considéré*, l'affaire mérite qu'on y donne son attention et ses soins.

Nous vous adressons *ci-joint* diverses observations et pièces importantes, *y compris* notre démission collective.

Nous vous adressons diverses observations et pièces importantes *ci-joint*, notre démission collective *y compris*.

Vous trouverez *ci-inclus* copie de ma lettre du premier de ce mois.

Je vous envoie *ci-inclus* double expédition de l'affaire.

J'ai tout oublié, *excepté* la promesse de vous aller voir (ou la promesse de vous aller voir *excepté*).

Ouï la cause et les défenseurs, — *attendu* les incidents survenus dans la défense, — *vu* les preuves nouvelles apportées et développées, etc.

Nous pouvons nous en rapporter à vous, *attendu* votre compétence et votre autorité dans cette matière.

Modèle du devoir.

De vive voix. — *Excepté* est invariable, étant avant le substantif. Le 2ᵉ est variable, étant après. etc.

Par écrit. — Il semble que tout soit devenu surmontable à l'homme, *excepté* la nécessité de mourir (*ou* la nécessité de mourir *exceptée*). etc.

PARTICIPE ENTRE DEUX *QUE;*

PARTICIPES *PLU, RI*, etc.

493. Le participe entre deux *que* est invariable.

494. Les participes *plu, complu, déplu, ri, moqué* suivent la règle générale, c'est-à-dire qu'ils varient quand ils sont transitifs : *plu*, par exemple, quand il signifie, non pas *faire* plaisir, mais *prendre* plaisir.

EXERCICE 44ᵉ.

Corriger.

Vous n'avez rien appris des leçons que j'avais *recommandé* que vous apprissiez.

Elle s'est empressée de faire toutes les démarches que j'avais *espéré* qu'elle ferait.

Il a fait tous les efforts que nous avions *désiré* qu'il fît, et obtenu tous les succès que nous avions *compté* qu'il obtiendrait.

Ces deux enfants se sont *plu* au point qu'ils sont devenus inséparables.

Vous auriez *plu* à chacun tous les deux, si vous ne vous étiez toujours *plu* à mécontenter tout le monde.

Ils se sont *plu* au jeu et s'y sont ruinés ; s'ils s'étaient *plu* au travail, ils auraient doublé leur fortune.

Les dieux, dont ces méchants rois étaient *ri* sur la terre, se sont *plu* à les en punir dans le Tartare.

Ceux qui se sont *complu* au mal, ont toujours *déplu* à tout le monde, parce que ce n'est pas tant le mal lui-même que l'on réprouve, que l'intention et le plaisir dans celui qui le fait.

Nous nous étions *déplu* à la chose, aussi n'avons-nous pas tardé à l'abandonner.

Nous nous étions *déplu* en nous voyant, aussi nous sommes-nous immédiatement séparés.

Vous eussiez mieux agi de vous être intéressés à eux que de vous en être *ri* et *moqué*, comme vous vous êtes *plu* à le faire.

Ils nous ont *plu*, nous leur avons *plu*, ce qui fait que nous nous sommes *plu* les uns aux autres.

Elle nous a *déplu*, ne s'étant toujours *complu* qu'à nous chercher de mauvaises chicanes.

Modèle du devoir.

De vive voix. — *Recommandé* est invariable, étant placé entre deux *que*. etc.

Par écrit. — Vous n'avez rien appris des leçons que j'avais *re-commandé* que vous apprissiez. etc.

RÉCAPITULATION DU PARTICIPE PASSÉ.

EXERCICE 45e.

Corriger.

Sans parler des auteurs fameux qu'a *produit* la ville d'Athènes, quels grands génies en tous genres n'a-t-elle pas *vu* naître ?

On dit que les sots ont *retrouvé* quelquefois les expressions qui les avaient *frappé* ; mais retrouveront-ils des idées, puisqu'ils n'en ont jamais *eu* ?

Ouvrons à la jeunesse, qu'on a *laissé* languir trop long-temps dans l'insouciance, les sources fécondes que nous ont *ouvert* les grands écrivains de Rome et d'Athènes ; faisons passer en revue devant elle les héros qu'a *produit* l'antiquité, pour que, *réchauffé* à ce contact divin, notre valeur remonte bientôt au point où jadis nous l'avions *vu* s'élever.

Plus une nation, qui s'était *vu* autrefois forte et *redoutée*, s'est *vu* enlever de gloire et de puissance, plus elle doit se sentir *humilié* d'être aujourd'hui *déchu* et *amoindri*.

Quels maux la terre a *eu* à souffrir de ces persécuteurs cruels et stupides qui avaient *osé* s'établir sur la terre les vengeurs de la divinité !

Les lois humaines commencent et finissent avec les empires qui les ont *créé ;* les lois divines, celles de la conscience, sont immuables, comme Dieu, qui les y a *gravé*.

Les Russes sont *venu* tard, dit Voltaire ; mais comme ils ont *trouvé* les sciences et les arts tout *perfectionné*, on leur a *vu* faire plus de progrès en cinquante ans qu'aucune autre nation n'en avait *fait* par elle-même en des milliers d'années.

Les avares, *comblé* de richesses, vivent comme s'ils en étaient complétement *privé*.

Nous devons tout oublier, *excepté* nos devoirs d'hommes, quand il s'agit de soulager un homme, fût-ce un ennemi.

Modèle du devoir.

De vive voix. — *Produits* est un participe passé, avec **avoir**, masculin, pluriel, s'accordant avec son complément direct **que**, placé avant, représentant *auteurs*. etc.

Par écrit. — Sans parler des auteurs fameux qu'a ***produits*** la ville d'Athènes, etc., etc.

EXERCICE 46ᵉ.

Corriger.

Quelle que soit notre instruction, nous ignorons plus de choses que nous n'en avons *appris*.

Ne cessez d'aimer vos parents, vous souvenant de ce qu'ils ont *fait* pour vous, et des peines que leur a *coûté* votre éducation.

Bien des fortunes se sont *vu détruit* par les moyens mêmes qui les avaient *vu* s'élever.

On commence à comprendre les services que la physique a *rendu* et doit rendre encore, depuis les progrès que lui a *fait* faire le siècle actuel.

Parmi les obligations *imposé* par Pythagore aux disciples qui s'étaient *engagé* à suivre sa doctrine, était un silence absolu auquel ils étaient *astreint* pendant même plusieurs années.

Les Romains sont *tombé* par les causes mêmes qui avaient *fait* tomber avant eux les Grecs et les Perses.

Nos pères, s'ils revenaient parmi nous, auraient bien de la peine à se reconnaître dans les lieux qu'ils ont *habité*. Les inscriptions qu'ils ont *laissé*, sont pour nous comme l'histoire de ces nations qui ont *disparu*, ne laissant d'autres traces que quelques noms plus ou moins *effacé*.

Les enceintes d'anciennes villes qu'on avait *dit* si vastes, et qu'on a *observé* en assez grand nombre, sont à peine aussi *étendu* que celles de nos villes de sept à huit mille habitants; et l'opinion qu'on s'était *fait* de l'ancienne Égypte, s'en trouve singulièrement *diminué*.

Les plus grands caractères ont quelquefois *faibli*, et *montré* moins d'assurance dans l'adversité qu'on ne l'aurait *cru*.

Quels progrès l'humanité n'aurait-elle pas *fait* dans les sciences, si elle ne s'était pas *laissé* égarer par les préjugés?

Modèle du devoir.

Comme le précédent.

EXERCICE 47e.

Corriger.

Fiers des connaissances que nos ancêtres nous ont *transmis*, nous nous glorifions comme si nous les avions *acquis* par nous-mêmes, et nous disons : Quel siècle y a-t-il *eu* plus *éclairé* que le nôtre?

Nous avons toujours *cru* les auteurs sur parole; et les lieux qu'ils nous ont *décrit*, nous ne les avons jamais *vu* qu'au travers des descriptions qu'ils nous en ont *donné*.

On a *dit* du grand Pompée, un des plus heureux, mais non des plus habiles capitaines qui aient *existé*, qu'il a *remporté* à lui seul plus de victoires que les autres n'en ont *lu*.

Beaucoup de villes ont *laissé* languir leurs grands hommes dans l'obscurité; et, plus tard, après leur mort, elles ont *disputé* à d'autres l'honneur de les avoir *vu* naître.

Les prunes nous sont *venu* de Syrie. Ce sont les anciens

ducs d'Anjou qui les ont *apporté* en France au temps des croisades.

La naissance et la fortune, quelque remarquables et *multipliées* qu'on en ait *dit* les hasards, n'ont jamais *tiré* de la foule que ceux qui n'avaient pas *mérité* d'y rester *confondu*.

Les auteurs qui se sont *nourri* de la lecture des anciens n'ont pas *tardé* à acquérir quelques-unes de ces beautés mâles qu'ils s'étaient *plu* à admirer dans leurs ouvrages.

Le peu d'instruction qu'ont *reçu* quelques hommes ne leur permet même pas d'en désirer davantage pour leurs enfants.

Le peu d'instruction qui était autrefois *donné* dans les écoles laissait les masses dans une grande ignorance.

Les rois qui se sont *laissé* éblouir par leur propre grandeur, ont bientôt *oublié* qui les a *fait* rois.

Modèle du devoir.

Comme les deux précédents.

EXERCICE 48°.

Corriger.

Loin des bords qui nous ont *vu* naître, la nature, quelque riante et *paré* qu'elle soit, ne paraît plus qu'une image *affaibli* de celle que nous avons *perdu*.

Il faut bien des années pour guérir les plaies qu'a *fait* la guerre, et les ravages qu'elle a *produit*.

La Hollande n'est rien par la nature ; c'est le commerce et l'industrie qui l'ont *enrichi*, et la bonne police qui l'a *fait* ce qu'on l'a *vu* devenir.

Des peuples longtemps invincibles, parce qu'ils s'étaient *endurci* à la fatigue et à la souffrance, se sont *laissé* amollir et vaincre par les délices : c'est l'austérité des mœurs qui les avait *élevé*, c'est la mollesse qui les a *perdu*.

Ne regrettons pas les peines que la science nous a *coûté*, et pensons aux biens inestimables qu'elle nous a *valu*.

Il est des livres et des réputations dont l'éclat est *dû* en grande partie aux temps et aux sociétés qui les ont *vu* naître.

Quelque vives que soient les pensées et les expressions, il faut que la vivacité en soit *soutenu* et *animé* par l'action, c'est-à-dire par la voix, le jeu de la physionomie et le geste.

C'est cette qualité, la première de toutes, qu'on a toujours tant *recommandé* aux orateurs.

Une mère tient à la tendresse de ses enfants. Les douleurs qu'ils lui ont *causé*, les soins qu'elle leur a *prodigué*, les espérances et les craintes dont elle s'est *vu agité*, tout a de plus en plus *confondu* son existence avec la leur.

Il faut remonter à l'existence du monde pour s'expliquer comment se sont *formé* les divers empires qui se sont *partagé* l'univers, par quels degrés ils se sont *élevé*, et comment se sont *réuni* les familles et les cités dont est *composé* la société humaine.

Modèle du devoir.

Comme les trois précédents.

EMPLOI DES AUXILIAIRES.

Voir, pour les règles générales, 370, 371.

RÈGLES PARTICULIÈRES.

495. 1° *Rester* et *demeurer* prennent *avoir* quand ils signifient *habiter, séjourner;* et *être,* dans les autres cas.

2° *Partir* ne prend *avoir* que quand, ayant pour sujet un nom de chose, il marque un mouvement subit.

3° *Convenir* prend *avoir* quand il signifie *convenance;* et *être* quand il veut dire *convention.*

4° *Échapper,* quand il a pour sujet un nom de personne, prend *être* s'il veut dire *s'évader, sortir;* et *avoir* s'il signifie *éviter.* Quand son sujet est une chose, il prend *être* s'il veut dire *être dit* ou *fait;* et *avoir,* s'il signifie *passer inaperçu* ou *être tombé dans l'oubli.*

5° *Apparaître, croître, descendre* (baisser), *monter* (croître), *expirer, grandir, paraître, passer, sonner,* etc., prennent *avoir* quand ils marquent une action, et *être* quand ils marquent un état.

EXERCICE 49ᵉ.

Choisir l'auxiliaire qui convient.

Ces voyageurs (ont *ou* sont) trop peu demeuré dans les villes où ils (sont *ou* ont) passé, pour pouvoir nous en apprendre quelque chose de certain.

Nous (avions *ou* étions) convenu que la chose méritait tous nos soins; mais il leur (est *ou* a) convenu de ne pas s'en occuper, ce qui fait que toute espérance de réussite (a *ou* est) tombé maintenant.

L'édition que nous attendions n' (a *ou* est) paru que d'hier.

Dix heures (sont *ou* ont) sonné au moment où je passais sur la place ; je croyais qu'elles (avaient *ou* étaient) sonné depuis au moins cinq minutes.

Ils (sont *ou* ont) disparu au moment où toute raison de se cacher (avait *ou* était) heureusement disparu.

Voyant que la rivière (était *ou* avait) monté d'une manière excessive, nous (avons *ou* sommes) monté au premier étage, et ne (avons *ou* sommes) descendu que quand les eaux elles-mêmes (sont *ou* ont) descendu à un niveau rassurant.

Je voudrais que sur les monuments élevés aux grands capitaines, on inscrivît le nombre des soldats qui (ont *ou* sont) resté sur leurs champs de bataille.

La justice croyait tenir enfin ces malfaiteurs, ils lui (sont *ou* ont) échappé. Il y en a parmi eux qui vingt fois ont été pris, et vingt fois (ont *ou* se sont) échappé on ne sait comment.

A qui (n'a-t-il *ou* n'est-il) jamais échappé une faute ? Le plus juste même n'en est pas exempt. En fait de mots, il m'en (a *ou* est) souvent échappé, que j'aurais voulu n'avoir pas dits, mais c'était trop tard.

Bien des choses (sont *ou* ont) souvent échappé à l'œil le plus subtil, à la mémoire la plus tenace. En fait de mots, une foule me (sont *ou* ont) échappé, que je savais autrefois et qui aujourd'hui me font défaut.

Modèle du devoir.

DE VIVE VOIX. — *Ont demeuré* prend l'auxiliaire *avoir,* parce que le verbe signifie *séjourner.* etc.

PAR ÉCRIT. — Ces voyageurs *ont* trop peu demeuré, etc. etc.

EXERCICE 50e.

A peine (avions-nous *ou* étions-nous) échappé de ce péril (*ou* à ce péril) que nous (avons *ou* sommes) tombé dans un plus grand.

Peut-être si la voix ne m'eût été coupée,
L'affreuse vérité (me serait *ou* m'aurait) échappé.

Les rois et les empereurs (sont *ou* ont) passé comme passe l'orage ; les peuples (sont *ou* ont) resté, plus ou moins éprouvés, plus ou moins appauvris.

Bien des choses (ont *ou* sont) souvent échappé à l'œil le plus vigilant et le plus subtil.

Ces malfaiteurs (ont *ou* sont) encore une fois échappé à la justice.

Les eaux (ont *ou* sont) beaucoup descendu depuis ce matin. Il était temps, elles (avaient *ou* étaient) monté d'une manière effrayante.

Quand ces malheureux (ont *ou* sont) passé sur le pont, ils étaient nu-pieds et nu-tête quoiqu'il fît un froid affreux.

Le baromètre (avait *ou* était) monté, il (a *ou* est) redescendu depuis quelques heures.

La trève n'(avait *ou* était) pas encore expiré, et déjà l'on faisait de nouveaux préparatifs de guerre.

Je (suis *ou* ai) resté en Angleterre à peu près le temps que vous y (êtes *ou* avez) demeuré vous-même.

Tout-à-coup la mine (a *ou* est) éclaté quand nous nous y attendions le moins.

Chaque jour des crieurs publics annoncent de combien (ont *ou* sont) crû les eaux du fleuve.

EXERCICE 51e.

C'est partout une idée confuse que la Divinité (a *ou* est) autrefois apparu aux hommes.

Vous avez été témoins de leurs différends et savez ce qui en (a *ou* est) résulté.

Les appointements et les pensions (ont *ou* sont) resté les mêmes, mais le prix des denrées (a *ou* est) monté de plus du double.

Les critiques (ont *ou* sont) disparu, la pièce (a *ou* est) demeuré.

Je donnerais pour lui ma vie, le seul bien qui me (soit *ou* ait) resté.

Boileau n'(a *ou* est) pas plus échappé à la critique que les victimes restées si célèbres de sa verve satirique.

Il m'(a *ou* est) échappé quelques mots irrévérencieux que je voudrais bien n'avoir pas prononcés.

La rivière (a *ou* est) monté avec une telle rapidité que la plaine (a *ou* est) bientôt paru comme une mer.

Les règles, les formules, les mots, tout m'(a *ou* est) échappé; je ne me souviens plus de rien.

Vous avez commis des fautes sans doute, et elles ne me (sont *ou* ont) pas échappé ; mais à qui n'en (a *ou* est)-il pas échappé ?

Le jeune Marius célébra les obsèques de son père par la mort de plusieurs sénateurs qui (avaient *ou* étaient) échappé aux premières fureurs de la proscription.

Combien la France (est *ou* a) déchu par les dernières guerres !

L'idée que nous avons de Dieu, doit nous porter à croire qu'il n'(a *ou* est) jamais intervenu dans nos sanglants débats que pour les désapprouver.

RÈGLES PARTICULIÈRES SUR CERTAINS VERBES.

496. Les verbes en *cer* gardent *ce* dans toute la conjugaison, excepté devant *a, o, u,* où ils prennent *ç,* et devant *i* où *e* disparaît.

EXERCICE 52ᵉ.

Conjuguer par écrit le verbe **forcer** *dans tous ses temps simples, savoir :*

Le présent de l'infinitif.	Le futur absolu.
Le participe présent.	Le présent du conditionnel.
Le participe passé.	L'impératif.
Le présent de l'indicatif.	Le présent du subjonctif.
L'imparfait.	L'imparfait.
Le passé défini.	

Modèle du devoir.

PRÉSENT DE L'INFINITIF. Forcer.
PARTICIPE PRÉSENT. Forçant.
PARTICIPE PASSÉ. Forcé.
PRÉSENT DE L'INDICATIF. — Je force, tu forces, il force, nous forçons, vous forcez, ils forcent.
Etc.

---

497. Les verbes en *ger* gardent *ge* dans toute la conjugaison, excepté devant *i*, où *e* disparaît.

EXERCICE 53e.

Conjuguer par écrit dans ses temps simples le verbe **songer.**

---

498. Les verbes en *eler* doublent *l* devant *e* muet seulement.

EXERCICE 54e.

Conjuguer le verbe **appeler.**

499: Les verbes en *eter*, excepté *acheter, becqueter*, doublent *t* devant *e* muet seulement.

EXERCICE 55e.

Conjuguer le verbe **jeter.**

---

500. Les verbes qui ont *e* ou bien *é* avant la consonne qui précède *er* final de l'infinitif, comme *semer, espérer*, changent cet *e* muet ou cet *é* fermé en *e* ouvert (*è*) devant une syllabe muette. Excepté :

1° Ceux en *eler, eter*, où la consonne se redouble.
2° Ceux en *éger*, où *é* ne change pas.

EXERCICE 56e.

Conjuguer le verbe **semer.**

Les verbes *créer, recréer, récréer, agréer, maugréer, suppléer* gardent *é* dans toute la conjugaison.

EXERCICE 57ᵉ.

Conjuguer le verbe **créer.**

Les verbes en *yer*, comme *payer*, changent *y* en *i* simple devant *e* muet.

EXERCICE 58ᵉ.

Conjuguer le verbe **payer.**

---

501. Pour les verbes en *ier*, *yer*, *ller* (*ll* mouillés), *gner*, *indre*, et autres, difficiles en apparence à l'imparfait de l'indicatif et au présent du subjonctif, il faut simplement suivre la règle, qui, à la 1ʳᵉ et à la 2ᵉ personne du pluriel, change *ant* du participe présent en *ions, iez*, sans autre exception que *ayons, ayez* du verbe *avoir*.

EXERCICE 59ᵉ.

Conjuguer les verbes **prier, employer, veiller, gagner, craindre, croire.**

1° Au présent de l'indic.
2° A l'imparfait.
3° Au présent du subjonctif.

Les verbes *envoyer, courir, mourir, pouvoir*, et ceux qui sont terminés par *quérir, voir, choir*, prennent deux *r* au futur absolu et au présent du conditionnel.

EXERCICE 60ᵉ.

Écrire les verbes **envoyer, courir, mourir, acquérir, voir, pouvoir.**

1° Au futur absolu.
2° Au présent conditionnel.

Le verbe *prendre* et ses composés, ainsi que les verbes en *enir*, comme *venir*, doublent *n* devant *e* muet, ce qui arrive au présent de l'indicatif et du subjonctif.

EXERCICE 61e.

Écrire au présent de l'indicatif et du subjonctif les verbes **prendre, apprendre, venir, retenir.**

Tous les verbes en *evoir* changent *e* en *oi* quand le *v* est suivi de *e* muet, et *c* de ceux en *cevoir* se change en *ç* devant *u, o*.

EXERCICE 62e.

Écrire le verbe **percevoir.**

Modèle du devoir.

Indicatif présent. — Je perçois, tu perçois, etc. etc.

EXERCICE 63e.

Nous *commençons* à nous apercevoir que nous ne percerons un jour que si nous *songeons* de bonne heure à notre avenir.

Ne nous *vengeons* des injures que par des bienfaits. Voilà la plus douce, la véritable vengeance.

Il s'engagea de bonne heure, et avait à peine dix-huit ans quand il *commença* sa longue carrière de soldat.

Ne (rejettons *ou* rejetons) pas la prière du malheureux, si nous ne voulons qu'on (rejète *ou* rejette) la nôtre au jour de l'adversité.

(Appèle *ou* appelle)-moi ton frère et ton ami, je (t'appèlerai *ou* appellerai) mon ami et mon frère.

Il (chancèle *ou* chancelle) et tombe d'épuisement et de fatigue. Espérons qu'un peu de repos et quelques aliments (renouvelleront *ou* renouvèleront) ses forces.

Tant que vous vous *crérez* ainsi de folles imaginations, vous ne trouverez personne qui ose vous confier une affaire sérieuse.

La force peut nous manquer, nous y *supplérons* par le courage.

Il n'est pas de secret que le temps ne (révelle *ou* révèle).

Dieu (apela *ou* appella) les eaux pour punir la terre couverte de crimes.

Nous ne *remplaçons* jamais l'honneur par la gloire, ni le bonheur par le plaisir.

Le Dieu des Hébreux (s'appelait *ou* s'appellait), de son nom ineffable, Jéhovah, mot qui (rappelle *ou* rappèle) toutes les voyelles.

Je (t'achetterai *ou* t'achèterai) de jolies choses si tu es sage, et que tu te (rappèles *ou* rappelles) bien toutes tes leçons.

EXERCICE 64ᵉ.

Si vous passez la vie à (projetter *ou* projeter), et que jamais vous ne (vérifiez *ou* vérifiiez) aucune des espérances que vous avez données, que faut-il que nous (croyons *ou* croyions) de vos projets et de vous ?

Vous réussiriez si vous (surveillez *ou* surveilliez) mieux vos affaires ; si, en un mot, vous ne (craignez *ou* craigniez) trop la peine et le travail.

Ses airs *menaçants* nous avaient d'abord intimidés, nous ne les (craignons *ou* craignions) plus maintenant.

En nous *plaçant* sur la terre, Dieu a voulu que nous y *jouions* un rôle, et que nous (employons *ou* employions) tout ce qu'il nous a donné de talent au bien de l'humanité.

Celui qui (paye *ou* paie) ses dettes, s'enrichit.

Les jours de (paie *ou* paye) sont pour les ouvriers des jours de bonheur.

Ceux qui (employent *ou* emploient) la violence, réussissent moins que ceux qui ont recours à la persuasion.

Ce qui nous manque, il faut que nous le *suppléions*, ou que nous parvenions à nous en passer.

Nous avons essayé du commerce, mais nous y perdions plus que nous n'y (gagnions *ou* gagnons), et nous y avons renoncé.

Vous *récrérez* votre esprit par la variété des objets que vous lui offrirez.

Rien ne *récrée* la vue comme la présence de ceux qu'on a obligés.

La nature (n'emploie *ou* n'employe) la violence que pour détruire.

Il n'est rien que nous (oubliions *ou* oublions) aussi promptement que les malheurs passés.

Le succès nous (paie *ou* paye) de toutes nos peines.

EXERCICE 65e.

J'enverai devant vous mon ange qui vous préparera la voie.

Quand vous (couriez *ou* courriez) comme le lièvre, vous n'arriveriez qu'après la tortue si, comme lui, vous flâniez, au lieu de marcher comme elle.

Quand nous (mourons *ou* mourrons), que restera-t-il de nous? rien si ce n'est nos œuvres bonnes ou mauvaises.

(Acquérons *ou* acquerrons) des vertus : rien de ce que nous (acquérons *ou* acquerrons) de richesses, nous ne *pourrons* l'emporter quand nous (mourons *ou* mourrons).

Tirez la bobinette, la chevillette *chèra*.

Quand vous aurez longtemps couru après les plaisirs, vous *vèrez* que le plus solide et le plus vrai, c'est celui d'une conscience qui n'a rien à se reprocher.

Je (courais *ou* courrais) quand j'étais jeune, plus que je ne (courrais *ou* courais) aujourd'hui ; et celui qui (acquérait *ou* acquerrait) de la fortune à cette époque, peut-être n'en (acquéfait *ou* acquerrait) pas à celle où nous vivons.

(Mourez *ou* mourrez) quand vous voudrez ; mais sachez que lorsque vous (mourez *ou* mourrez), tout ne sera pas fini.

Nous *vèrons* certainement des choses que nous n'avons pas encore vues, et nous (courons *ou* courrons) des dangers que nous ne connaissions pas.

Qu'ils *apprènent* à se bien conduire en voyant ce qu'*obtiènent* des plaisirs, ceux qui ne se proposent pas un autre but.

Nous serons heureux s'ils s'*aperçoivent* qu'ils ont fait fausse route et qu'il est temps qu'ils *reviènent* sur leurs pas. Plût au ciel qu'ils s'en fussent *aperçus* déjà !

MOTS INVARIABLES.

Quand marque le temps, sinon on écrit *quant*.

Davantage est un adverbe signifiant *plus* ; *d'avan-*

tage forme deux mots : la préposition *de* et le substantif *avantage*.

Quoique est une conjonction signifiant *bien que*; *quoi que* se compose de deux pronoms : *quoi* (quelle chose) et *que*, s'y rapportant.

Parce que est une locution conjonctive signifiant *à cause que*, qui n'est pas français ; *par ce que*, en trois mots, signifie *par cela que*, où *ce* est un pronom démonstratif, et *que* un pronom relatif s'y rapportant.

EXERCICE 66ᵉ.

Choisir le mot convenable.

Il n'est pas de maux que l'on ne doive être disposé à souffrir (plutôt *ou* plus tôt) que de manquer à l'honneur.

Ceux qui seront le (plus tôt *ou* plutôt) arrivés, se reposeront et tendront la main aux autres.

Un point sur lequel je ne veux rien entendre, c'est que le vrai soldat mourra (plutôt *ou* plus tôt) que de se rendre.

C'est trop loin, dites-vous. Courons tout d'une traite : plus vite nous allons, (plus tôt *ou* plutôt) la route est faite.

Nous devons écouter l'humanité et la raison (plus tôt *ou* plutôt) que la passion et la vengeance.

A mesure que je le connais mieux, je l'estime et je l'aime (davantage *ou* d'avantage).

Que de maux de toutes sortes nous avons soufferts ! Et dire que vous en avez souffert encore (d'avantage *ou* davantage) !

Il n'y a pas (d'avantage *ou* davantage) qui puisse légitimer l'oubli du devoir.

Il faut du courage pour se corriger de ses défauts, il en faut (davantage *ou* d'avantage) pour les avouer.

Que (davantage *ou* d'avantages) nous nous étions promis, auxquels nous voilà forcés de renoncer !

Nous faisons le mal (quoique *ou* quoi que) nous voyions le bien, (quoique *ou* quoi que) la conscience nous y pousse, (quoiqu'il *ou* quoi qu'il) renferme seul le bonheur.

(Quoique *ou* quoi que) l'on vous promette d'agréable ou d'avantageux, (quoique *ou* quoi que) vous présente de séduisant la voix du plaisir ou de l'intérêt, ne suivez jamais que celle de la vertu.

(Quoique *ou* quoi que) la vie soit remplie de misères, elle offre encore plus, (quoique *ou* quoi que) l'on dise, de véritables jouissances.

Résistons à l'injustice (parce que *ou* par ce que) défendre nos droits, c'est défendre la société ; et, d'un autre côté, aidons nos frères, (parce que *ou* par ce que), dans le besoin, nous serions bien aises d'en être aidés.

(Par ce que *ou* parce que) vous voyez, (par ce que *ou* parce que) vous entendez, apprenez qu'il n'y a de solide et de stable que la vertu.

Nos soucis sont comme nos jours : (quand *ou* quant) un finit, un autre commence, jusqu'à ce que tout cesse enfin, (quand *ou* quant), pour notre repos, le fil vient à se rompre.

Quel bonheur (*quand* ou *quant*) ils apprendront cette nouvelle ! (quand *ou* quant) à moi, je ne m'en sens pas de joie.

(Quand *ou* quant) aux avantages que vous vous promettez, j'ai bien peur qu'il ne faille en rabattre (quand *ou* quant) viendra le moment de compter.

Modèle du devoir.

DE VIVE VOIX. — *Plutôt* au lieu de *plus tôt*, parce que ce mot marque la préférence, non le temps. etc.

PAR ÉCRIT. — Il n'est pas de maux qu'on ne doive être disposé à souffrir *plutôt* que de manquer à l'honneur. etc.

EXERCICE 67e.

L'étude offre tant (davantage *ou* d'avantages) qu'on ne saurait s'y livrer avec trop d'ardeur.

Le goût est un don de la nature (plus tôt *ou* plutôt) qu'une acquisition de l'art.

Vous serez admirée si vous êtes belle, mais vous le serez (d'avantage *ou* davantage) encore si vous êtes modeste.

(Quand *ou* quant) nous sommes malades, nous faisons les plus belles promesses d'être sages et tempérants ; (quand *ou* quant) à nous les voir tenir, attendez que nous soyons revenus à la santé.

C'est (parce que *ou* par ce que) l'on ne comprend pas, que l'on apprend si peu.

(Par ce que *ou* parce que) souffrent de malheurs les innocents et les justes, voyez si les coupables ont droit de se plaindre des maux qui leur arrivent.

(Quoi que *ou* quoique) le monde promette de jouissances, nulle part vous n'en trouverez plus que dans la vertu.

(Quoi que *ou* quoique) le monde vous promette des jouissances, nulle part vous n'en trouverez que dans la vertu.

Travaillons à vaincre l'adversité (plus tôt *ou* plutôt) que de passer le temps à nous en plaindre.

Quelque chose que nous ayons (dit *ou* dite) on a passé outre, et nous nous sommes vus éconduits.

C'est quelque chose de justement (admiré *ou* admirée) que l'intrépidité qu'il a fait paraître.

INTERJECTIONS.

583-587. *Ah* marque la joie, la douleur, l'admiration ; *ha,* la surprise, le désappointement.

Oh marque la surprise et quelquefois l'affirmation ; *ho* sert à appeler, ainsi que *ô,* avec la différence que ce dernier est toujours suivi d'un substantif.

Hé sert à appeler ; dans les autres cas on écrit *eh. Hé bien* sert à interroger ; dans les autres cas, c'est *eh bien.*

EXERCICE 68ᵉ.

Choisir le mot convenable.

(Ah ! *ou* ha !) quel bonheur ! —(Ah ! *ou* ha !) je vous retrouve enfin ! — (Ah ! *ou* ha !) que ton impudence excite mon courroux ! —(Ah ! *ou* ha !) vous êtes charmant ! — (Ah ! *ou* ha !) voilà bien les hommes ! — (Ah ! *ou* ha !) destinée cruelle ! — (Ah ! ah ! *ou* ha ! ha !) voilà qui est touchant ! — (Ha ! *ou* ah !) vous voilà ! je ne vous attendais plus. — (Ha ! *ou* ah !) vous êtes dévot, et vous vous emportez ! — (Ha ! ha ! *ou* ah ! ah !) vous voilà donc surpris !

(Oh ! *ou* ho !) ne le croyez pas. — (Oh ! *ou* ho !) les méchantes gens ! — (Oh ! *ou* ho !) comme ils nous ont trompés ! — (Oh ! *ou* ho !) qui l'eût pu prévoir ? — (Oh ! oh ! *ou* ho ! ho !) mon gaillard ! — (Ho ! *ou* oh !) venez ici. — (Holà ! ho ! *ou* holà ! oh !) arrivez donc. — (O *ou* oh !) temps ! (ô *ou* oh !) mœurs ! — (O *ou* oh !) cendres d'un époux, (ô *ou* oh !) Troyens, (ô *ou* oh !) mon père, (ô *ou* oh !) mon fils, que tes jours coûtent cher à ta mère !

(Eh ! *ou* hé !) laisse-moi. — (Eh ! *ou* hé !) qu'y puis-je ? — Nous désirions qu'il restât, (eh bien ! *ou* hé bien !) il est parti. — Il nous avait fait les plus belles promesses, (eh bien ! *ou* hé bien !) il a tout oublié. — (Eh ! eh ! *ou* hé ! hé !) je n'en répondrais pas.

(Eh ! *ou* hé !) toi, viens çà. — (Eh donc ! *ou* hé donc !) à l'ouvrage, paresseux ! — (Eh ! *ou* hé !) Petit-Jean ! — (Eh bien ! *ou* hé bien !) quoi de nouveau ? — (Eh bien ! *ou* hé bien !) partons-nous ? — (Eh bien ! *ou* hé bien !) que nous fait-elle annoncer de sinistre ?

Modèle du devoir.

De vive voix. — *Ah !* et non *ha !* parce qu'il marque la joie, etc.

Par écrit. — *Ah !* quel bonheur ! — *Ah !* je vous retrouve enfin ! etc.

EUPHONIES.

1° L'adjectif démonstratif *ce,* masculin, singulier, s'écrit *cet* devant un mot commençant par une voyelle ou par *h* muet.

2° On emploie le possessif masculin *mon, ton, son,* au lieu du féminin *ma, ta, sa* devant une voyelle ou devant *h* muet.

3° L'adverbe *tout* devient adjectif variable devant un adjectif féminin, commençant par une consonne ou par *h* aspiré.

4° L'adjectif se rapportant à plusieurs substantifs ne s'accorde qu'avec le dernier, ou mieux, avec le plus proche, lorsque se rencontrent les trois conditions suivantes : 1° que les substantifs représentent des choses, 2° que le substantif féminin soit le dernier, 3° que l'adjectif soit imparisyllabique.

5° On écrit *l'on* au lieu de *on* pour éviter un hiatus, c'est-à-dire, un bâillement provenant de deux sons, l'un à la fin d'un mot, l'autre au commencement du mot suivant, comme dans si on *veut.*

Mais dans ce cas même, il ne faudrait pas employer *l'* s'il devait en résulter une cacophonie, comme dans

SI L'ON *le voulait.* L'euphonie *l'* est défendue, comme inutile, au commencement d'une phrase.

EXERCICE 69e.

Choisir l'euphonie.

(Ce *ou* cet) homme a des défauts, mais il a si bon cœur! J'aime en lui (ce *ou* cet) élan qui vient de la nature (ce *ou* cet) esprit plein de sens, et (ce *ou* cet) air de droiture qui se révèle à tous et plaide en sa faveur.

De (ce *ou* cet) excès de mal qui m'arrache un long cri,
Zénon n'eût senti rien, et Socrate eût souri.

(Ta *ou* ton) infortune touche (ma *ou* mon) âme, et je cours à (ta *ou* ton) aide au plus tôt. Puisse (ma *ou* mon) assistance apporter à temps (sa *ou* son) obole!
Il s'est concilié tout le monde par (sa *ou* son) honnêteté, (sa *ou* son) instruction, et (sa *ou* son) irréprochable conduite.
(Sa *ou* son) ignorance ne vient pas de (sa *ou* son) inaptitude, mais dê (sa *ou* son) apathie; nous aurons des preuves de (sa *ou* son) intelligence quand il le voudra.
Notre affaire était (tout *ou* toute) simple, et, pour ainsi dire, (tout *ou* toute) faite, (tout *ou* toute) arrangée : eh bien! elle est devenue en leurs mains (tout *ou* toute) embrouillée, (tout *ou* toute) hérissée de difficultés, dont on ne peut prévoir la fin.
(Tout *ou* toute) recherchée, (tout *ou* toute) enviée qu'est la grandeur, combien je trouve préférable une (tout *ou* toute) humble, une (tout *ou* toute) modeste position!
Notre général a fait preuve d'un sang-froid et d'une bravoure (prodigieux *ou* prodigieuse).
Ce qui m'amuse le plus dans les journaux, ce sont les faits et nouvelles (divers *ou* diverses).
Tout est arrangé dans le monde avec un ordre, une régularité (parfaits *ou* parfaite).
Adraste menait avec lui trente Dauniens d'un courage et d'une force universellement (redoutés *ou* redoutée).
L'auteur des choses a mis dans toutes et dans chacune un ensemble et une beauté (merveilleux *ou* merveilleuse).
Nous avons trouvé leurs prétendus droits et leurs réclamations bien (exorbitants *ou* exorbitantes).

J'ignore où (on *ou* l'on) en veut venir. — Si, du moins, (on *ou* l'on) nous eût prévenus. — Sait-on à qui (on *ou* l'on) peut se fier? — Où (on *ou* l'on) nous a amenés, grand Dieu ! — Si (on *ou* l'on) veut, (on *ou* l'on) peut.

(On *ou* l'on) ne peut servir à la fois deux maîtres, parce que (on *ou* l'on) négligera certainement l'un ou l'autre.

L'habitude de mentir fait que (on *ou* l'on) n'est pas cru lors même que (on *ou* l'on) dit la vérité.

(On *ou* l'on) donne deux fois lorsque (on *ou* l'on) donne vite.

Modèle du devoir.

DE VIVE VOIX. — *Cet*, au lieu de *ce*, parce que c'est l'adjectif démonstratif masculin, singulier, devant *h* muet, etc.

PAR ÉCRIT. — *Cet* homme a des défauts, mais etc., etc.

EXERCICE 70ᵉ.

Eucharis rougissant et baissant les yeux, demeurait derrière (tout *ou* toute) interdite, sans oser se montrer.

Les vaisseaux sont (tout *ou* tous) prêts, et le vent nous appelle.

Autour d'elle volaient les Vengeances (tout *ou* toutes) dégouttantes de sang.

Aux aventures des croisades succèdent des aventures d'une (tout *ou* toute) autre importance.

(Tout *ou* toutes) belles que sont les récompenses promises, aucun d'eux n'y paraît sensible.

(L'on *ou* on) ne voit point deux fois le rivage des morts.

Un loup disait (qu'on *ou* que l'on) l'avait volé.

Que ne (peux-je *ou* puis-je) au travers d'une noble poussière Suivre de l'œil un char fuyant dans la carrière !

Tu trouves ces fleurs belles et ces fruits délicieux, (cueille-en *ou* cueilles-en; mange-en *ou* manges-en) tant que tu voudras.

(Fussé-je *ou* fussé-je) plus instruit que tous les savants ensemble, à quoi me servirait ma science si je ne me connais pas moi-même ?

Vous (outragé-je *ou* est-ce que je vous outrage) en vous représentant simplement vos torts ?

Ne crie pas si haut que tu es innocent, (donne-en *ou*

donnes-en), donne-nous-en (*ou* donnes-nous-en) la preuve.

On trouve dans cet homme un savoir et une modestie (surprenants *ou* surprenante).

Cette histoire nous [a paru écrite avec un goût et une impartialité (sans égaux *ou* sans égale).

MÊME SUJET.

6° On écrit *jusques* au lieu de *jusqu'* devant *à, au, aux, où* quand il y a à craindre une cacophonie, comme dans *jusqu'à quand.*

7° On ne dit pas : *Cours-je? dors-je?* etc., mais *est-ce que je cours? est-ce que je dors?* etc.

8° On ne dit pas non plus : *Travaille-je?* mais *travaillé-je?* en marquant d'un accent aigu *e* muet final de la 1re personne du singulier.

9° Après un verbe à la 3e personne du singulier, terminé par *a* ou par *e*, on met, entre deux traits-d'union, un *t*, appelé euphonique, devant *il, elle* et *on* seulement, pour empêcher un hiatus.

10° La 2e personne du singulier d'un impératif en *e*, comme *porte, cueille,* prend *s* devant les pronoms adverbiaux *en, y*. L'impératif *va* prend aussi *s* devant *y.*

EXERCICE 71°.

Peut-on pousser la perversité (jusqu' *ou* jusques) à calomnier ses propres amis et sa famille même ?

L'avidité de certains hommes va (jusqu' *ou* jusques) à cumuler plus de places qu'ils n'en peuvent remplir.

(Veille-je *ou* veillé-je) ou si je dors? — (Puisse-je *ou* puissé-je) me tromper! — Où (porte-je *ou* porté-je) mes vœux? — Quelle faveur (eusse-je *ou* eussé-je) obtenue sans vous? — (Dusse-je *ou* dussé-je) succomber, je ne céderai pas.

(Travaille-je, *ou* travaillé-je?), travailles-tu? (Travaille-il *ou* travaille-t-il?), travaillons-nous? travaillez-vous? travaillent-ils ?

Travaillais-je? travaillais-tu? etc.

Travaillai-je? travaillas-tu? (travailla-il *ou* travailla-t-il?)

Travaillerai-je? travailleras-tu? (travaillera-il *ou* travail-lera-t-il?)

(Qu'a-il *ou* qu'a-t-il) dit? (Qu'a-il *ou* qu'a-t-il) fait? (Qu'espère-il *ou* qu'espère-t-il encore)? (Va-il *ou* va-t-il) encore troubler le couchant et l'aurore?

(Prends-je *ou* est-ce que je prends) la chose ainsi qu'il la faut prendre?

(Changé-je *ou* est-ce que je change) comme vous de l'un à l'autre instant?

Moi, je m'abstiens du mal, mais (puis-je *ou* est-ce que je puis) l'empêcher?

La vertu te dira de borner tes désirs :

(Cherche-y *ou* cherches-y) tes devoirs, (cherche-y *ou* cherches-y) tes plaisirs.

Où sévit la douleur, où règnent les alarmes,

(Porte-y *ou* portes-y) des secours, (va-y *ou* vas-y) sécher les larmes.

Quand la sagesse parle, (écoute-en *ou* écoutes-en) la voix, et surtout (pratique-en *ou* pratiques-en) les maximes.

Modèle du devoir.

Comme le précédent.

EXERCICE 72º.

Je ne parle jamais des autres, encore moins parlé-je de moi.

Ce qu'il y a de plus remarquable dans cette personne, c'est un tact et une circonspection (merveilleux *ou* merveilleuse).

Nos acteurs ont joué avec un talent et une distinction (charmants *ou* charmante).

Je préfère ce journal à cause des faits et des appréciations (intéressants *ou* intéressantes) qu'il présente quelquefois.

(Jusques à *ou* jusqu'à) quand, Catilina, abuseras-tu de notre patience?

(Songe-y *ou* songes-y bien), mon ami; prends l'affaire comme il convient, (travaille-y *ou* travailles-y) consciencieusement.

Tes explications me suffisent : (donne-en *ou* donnes-en) toujours de pareilles, et d'autres que moi en seront satisfaits.

(Fusse-je *ou* fussé-je) riche, je ne ferais pas consister mon bonheur à avoir des richesses ; ce serait à faire des heureux.

On t'a fait des torts, (oublie-en *ou* oublies-en) la moitié et pardonne le reste.

T'ennuies-tu dans l'oisiveté? (cherche-en *ou* cherches-en) le remède dans le travail.

(Prête-je *ou* prêté-je) une faible somme, je fais un débiteur; et, si la somme est forte, un ennemi.

Savez-vous si (on *ou* l'on) peut être sûr de cet homme?

Quand pars-je (*ou* quand est-ce que je pars)?

Nous avons été recueillis et soignés avec un zèle et une bonté (touchants *ou* touchante).

Votre couche est dure, mais moi (couche-je *ou* couché-je *ou* est-ce que je couche) sur un lit plus doux?

SIGNES ORTHOGRAPHIQUES.

ACCENTS.

595. L'accent aigu ne se met que sur les *e* fermés, non modifiés par une consonne.

L'accent grave se met :

1° Sur les *e* ouverts, non modifiés par une consonne ou par un accent circonflexe.

2° Sur *e* des mots en *es* (prononcés *ès*), pourvu qu'ils aient plus de trois lettres.

3° Comme signe de distinction sur *a* des adverbes *là*, *déjà*, de *çà* adverbe et interjection, de *à* et de *voilà* prépositions ; sur *e* de *dès*, *lès*, *ès* prépositions ; et sur *u* de l'adverbe *où*.

597. L'accent circonflexe se met :

1° Sur les voyelles longues (61).

2° Sur la lettre *i* des verbes en *aître* et en *oître* devant *t*.

3° Sur la voyelle qui précède le *t* final à la 3e personne du singulier de l'imparfait du subjonctif.

4° Sur *a, i, u* des finales *âmes, îmes, ûmes, înmes, âtes, îtes, ûtes, întes* au passé défini.

5° Sur *o* de *nôtre, vôtre, nôtres, vôtres* quand ils sont pronoms.

6° Comme signe de distinction sur *u* des participes *dû, tû, crû* (de *croître*) et des adjectifs *sûr, mûr*.

7° En général, pour remplacer *s* devant *t*, comme dans *forêt*.

EXERCICE 73ᵉ.

Corriger, c'est-à-dire mettre les accents.

Gardez comme un depot precieux le secret qui vous a ete confié.

La securite est fille de la prudence, et la frugalite mere de la sante.

Etouffe dans son sang ses desirs effrontes,
Thesee a tes fureurs connaitra tes bontes,

Flore de ses tresors au loin couvre les pres,
Ceres baigne les champs de flots d'epis dores.

Notre liberalite doit s'etendre egalement a tous.

Le progres suit l'etude, il en est la premiere recompense.

Le mal de notre siecle est une lepre dont on desespere, quand on considere qu'au lieu d'y chercher un remede, il ne se doute meme pas qu'il la recele dans son sein comme une gangrene qui le mene à sa perte.

Un pere austere et rigide pour reprimer le mal, une mere qui modere par sa douceur l'exces de la severite, voila la regle dans un bon menage.

La premiere science est de se connaitre, disait Socrate.

Celui qui se connait ne se met qu'a sa place : qui peut vouloir l'en oter ?

Pour que l'enfant apprit, il faudrait qu'il comprit, et pour cela, qu'on lui expliquat les choses et qu'il les appliquat.

Quand nous le vimes si abattu, nous essayames de lui rendre le courage, mais nous n'y parvinmes que difficilement.

Souffrir pour la justice est le sort de l'apotre.

Nous souffrons, notre sort est plus beau que le votre.

Un fruit mur plait et nourrit, un fruit sur deplait et ne nourrit pas.

La riviere a cru plus vite que nous ne l'avions cru, elle est maintenant au plus haut point de sa crue.

T'es-tu tu quand tu l'as du ?

EXERCICE 74ᵉ.

Corriger.

On s'expose a passer pour un sot quand on repete les sottises d'autrui.

L'homme sense espere peu, mais ne desespere jamais.

A peine fumes-nous arrives que nous nous vimes entoures d'une foule curieuse qui semblait tout etonnee de nous voir.

Nous partimes cinqcents, mais par un prompt renfort,
Nous nous vimes trois mille en arrivant au port.

Moi-meme, je craignais que la verite ne perçat le nuage, et qu'elle ne parvint jusqu'a moi malgre les flatteurs.

Ce qui cause les revoltes, c'est l'ambition et l'inquietude des grands d'un Etat quand on leur a donne trop de licence, et qu'on a laisse leurs passions s'etendre sans bornes.

Si je me trouvais a la tete d'un tribunal, je voudrais qu'il n'y regnat que la justice.

Plut a Dieu que la guerre fut pour toujours bannie du milieu des hommes !

Il n'est pas juste que nous allions sur les terres de notre voisin, il ne serait pas juste non plus que notre voisin entrat sur les notres.

Quand nous revinmes, nous ne trouvames plus personne : l'heure passee, on ne nous avait plus attendus.

Des que vous avez fait tout ce que vous avez du, quel reproche craindriez-vous qu'on vous adressat ?

Les Druides celebraient leurs sacrifices au milieu des forets. C'était sur les chenes qu'ils cueillaient le gui sacre.

La fortune, la beauté, la grandeur, tout finit par un *ci-git*.

TRÉMA ET CÉDILLE.

601. Le tréma est un signe de séparation, qui se met :

1° Sur *i, u,* après *a, o,* pour empêcher qu'on ne prononce *ai, au, oi, ou* en une seule syllabe.

2° Sur *e* à la fin des mots féminins en *guë* (*gu-e*) pour empêcher qu'on ne les prononce comme terminés par *gue,* ainsi que *figue.*

La cédille ne sert qu'à adoucir le *c* devant *a, o, u.*

EXERCICE 75e.

Corriger.

C'est de l'envie que viennent les haines implacables : Cain n'aurait pas tué son frère s'il n'en avait pas été jaloux ; Saul aurait moins hai David s'il avait pu lui pardonner sa gloire.

L'égoiste n'a que des appétits et point de cœur, il est donc au-dessous de la brute.

Quelque exigues que soient nos demandes, on refuse d'y faire droit : a-t-on oui chose pareille ? rien de semblable s'est-il jamais vu ?

Une sentence injuste ne flétrit que les juges : Socrate condamné à boire la cigue n'a rien perdu dans l'estime des hommes.

Voulez-vous connaître le prix que donne aux choses le besoin ? Voyez le marché de Jacob et d'Esau, gourmandise et égoisme à part. Une faim aigue tourmentait le chasseur. Plutôt que de mourir avec héroisme en défenseur de son droit, il acheta à son frère des lentilles, comme il lui aurait acheté du mais.

La lecon que nous avions recue, ne commenca que tard à porter ses fruits.

Le Francais n'apercoit le danger que lorsqu'il l'a surmonté et vaincu.

Ne forcons point notre talent,
Nous ne ferions rien avec grace.

Ce que l'on concoit bien, s'énonce clairement,
Et les mots, pour le dire, arrivent aisément.

La façon de donner vaut mieux que ce qu'on donne.
Un homme délicat craint même le soupçon.

Bien des gens ressemblent à certains édifices, qui n'ont que la façade et point de fond.

Ne formez pas de trop brillantes espérances, de peur de vous voir déçus.

APOSTROPHE.

602. L'apostrophe est un signe d'élision, qui remplace *a, e, i,* à la fin de certains mots, devant un mot commençant par une voyelle ou par *h* muet.

I. Elle remplace *a* seulement dans le mot *la,* article ou pronom. A du pronom *la* ne s'élide que devant le verbe.

II. Elle remplace *e* :

1° A la fin des monosyllabes qui ont le son *e. E* du pronom *le* ne s'élide que devant le verbe.

2° A la fin des conjonctions *lorsque, puisque, quoique,* devant *il, ils, elle, elles, on, un, une.*

3° A la fin de *entre, presque,* seulement dans les mots composés.

4° A la fin de *quelque,* adjectif, devant *un, une, autre.*

5° A la fin de *jusque,* devant *à, au, aux, où, ici,* à moins de cacophonie. Dans ce dernier cas, on écrit *jusques.*

6° Dans l'adverbe composé *aujourd'hui.*

7° A la fin de l'adjectif féminin *grande,* quoique devant une consonne, dans les noms composés *grand'croix, grand'mère,* etc.

III. Elle remplace *i* seulement dans le mot *si,* devant *il, ils.*

EXERCICE 76°.

Mettre l'apostrophe.

Létude de lhistoire est loccupation la plus utile aux grands;

celui-là seul qui la approfondie, possède limportante science du gouvernement des peuples.

Lerreur la plus funeste est de croire à limpunité des méchants.

Lhomme est pourvu dorganes plus parfaits que ceux de lanimal proprement dit ; cest pourquoi il fait des choses quil est impossible à lautre dexécuter ; mais celui-ci nest pas pour cela une pure machine, comme quelques-uns lont prétendu.

Lavare sabuse en croyant namasser que pour lui.

Quand même jignorerais le sort qui mattend après la mort, du moins nignoré-je pas quels devoirs mimpose la conscience. Je nai donc, dans le doute, quà faire ce quelle ordonne, et à ne pas faire ce quelle défend.

Pourquoi craindre lorsquon nest pas coupable ?

Quoiquun ami soit un grand bien, il faut savoir lui préférer lhonneur.

Nous partirons puisquon lexige.

Les hommes que la nature a faits pour saimer entreux, on les voit sentre-haïr et sentrégorger comme des bêtes sauvages.

Quelquun me hait peut-être, mais quelquautre me veut du bien. Ainsi est faite la vie, et tout se compense.

Jusquoù navons-nous pas déjà porté laudace ?
Nous allons jusquau ciel savoir ce qui sy passe.

Quelque élevé quon soit, quest-on aux yeux de Dieu ?

La grandcroix est la décoration la plus élevée dans un ordre, et un grandcroix est le dignitaire qui en est revêtu.

On voyait autrefois, dans le temps de nos pères,
Les grands-papas grondeurs, les grandmamans sévères.

Jai grand peur que tout ceci ne tourne à mal, et cest grande pitié que de voir les abus se propager ainsi.

TRAIT D'UNION ET TRAIT DE SÉPARA-TION.

603. Le trait-d'union, qu'on appelle aussi tiret, se place :

1° Entre les différents membres des mots composés, excepté lorsqu'il s'y trouve une apostrophe.

2° *Saint,* avec le nom qui suit, forme un nom composé lorsque cette expression ne représente pas le saint lui-même : *la rue Saint-André.*

Après le verbe, devant les pronoms personnels, *je, moi, nous, tu, toi, vous, il, ils, elle, elles, le, la, les, lui, leur, en, y,* quand ces pronoms en sont sujets ou compléments.

3° Entre *ci, là* et le mot précédent, excepté *ceci, cela, voici, voilà.*

4° Entre *même* et un pronom précédent, pourvu que ce soit *moi, toi, lui, elle, nous, vous, eux, elles, soi.*

5° Entre les adjectifs de nombre formant une expression composée par la suppression de *et* devant les quantités ajoutées aux dizaines au-dessous de *cent.*

6° Après une ou plusieurs syllabes d'un mot à la fin d'une ligne, quand on est obligé de porter un reste de ce mot à la ligne suivante.

66. Le trait de séparation indique :

1° Qu'il y a changement d'interlocuteur.

2° Que les phrases sont détachées.

EXERCICE 77e.

Mettre les tirets et les traits de séparation.

La fête que préfèrent les collégiens, c'est la Saint Charlemagne, et dans quelques pays, la Saint Nicolas.

St Étienne, aujourd'hui chef lieu du département de la Loire, est une ville riche et industrieuse.

St Paul, avant sa conversion, gardait les habits de ceux qui lapidaient St Étienne.

Dis je, dis tu, dit elle, dit on, disons nous, dites vous, disent ils, disent elles. — Donne moi, donne le moi, donne la lui. — Applique toi, appliquons nous. — Sauvez le, sauvez la, sauvez les. — Allez y, vas y, va t'en, ramènes y moi, livres y toi. — Qu'en fera t on ? où ira t il ? ne voilà t il pas !

Ou celui ci, ou celui là, peu importe. — Ne vous fiez pas à

cet homme là. — Dans ce temps là, c'était déjà comme aujourd'hui. — A cette heure ci, combien de malheureux sans asile !

J'irai moi même. — C'est vous mêmes que cela regarde. — Ne nous en rapportons qu'à nous mêmes. — Connais toi toi même.

Dix sept, dix huit, dix neuf, vingt deux, vingt trois, etc., trente deux, trente trois, etc., quarante deux, quarante trois, etc., cinquante deux, cinquante trois, etc., soixante deux, soixante trois, etc., soixante dix, soixante onze, soixante douze, etc., quatre vingts, quatre vingt un, quatre vingt deux, etc., jusqu'à cent.

Cent francs au denier vingt, combien fontils ? Vingt livres. C'est bien dit, va, tu sais tout ce qu'il faut savoir.

Pourquoi gémir ainsi, plaintive tourterelle ?
Je pleure, j'ai perdu ma compagne fidèle.
    Ne crains tu pas que l'oiseleur
    Ne te fasse mourir comme elle ?
    Si ce n'est lui, ce sera ma douleur.

Qui veut voyager loin, ménage sa monture. Un bienfait qu'on reproche est un bienfait perdu. La clé dont on se sert est toujours claire. Rien ne sert de courir, il faut partir à point.

SIGNES DE PONCTUATION.

607. La virgule se place entre les parties séparables les plus simples.

609. Le point-avec-virgule se met entre des parties composées, subdivisées par la virgule, lorsque la 2ᵉ ajoute pour le sens à la précédente.

Les deux points se mettent entre deux parties composées dont la 2ᵉ n'est qu'un développement de ce qui précède.

610. Le point se place à la fin d'un alinéa, d'une phrase, d'une abréviation.

EXERCICE 78ᵉ.

Ponctuer.

Il y avait déjà longtemps qu'Hercule ne paraissait plus sur la terre on n'entendait plus parler d'aucun exploit de ce héros les monstres et les scélérats recommençaient à paraître impunément Les Grecs ne savaient que croire de lui les uns disaient qu'il était mort d'autres qu'il était allé jusque sous l'Ourse glacée dompter les Scythes Mais Ulysse soutint qu'il était mort et entreprit de me le faire avouer Il vint me trouver dans un temps où je ne pouvais encore me consoler d'avoir perdu le grand Alcide Il eut une peine extrême à m'aborder car je ne pouvais plus voir les hommes je ne pouvais souffrir qu'on m'arrachât de ces déserts du mont Œta où j'avais vu périr mon ami Mais la douce persuasion était sur les lèvres de votre père il m'attendrit pour les rois grecs qui allaient combattre pour une juste cause Il ne put néanmoins m'arracher le secret de la mort d'Hercule mais il ne doutait point qu'il ne fût mort et il me pressait de lui découvrir le lieu où j'avais caché ses cendres.

J'eus horreur de faire un parjure mais j'eus la faiblesse d'éluder mon serment n'osant le violer Les Dieux m'en ont puni Comme je passais dans l'île de Lemnos je voulus montrer à tous les Grecs ce que mes flèches pouvaient faire Me préparant à percer un daim qui se lançait dans un bois je laissai par mégarde tomber la flèche de l'arc sur mon pied et elle me fit une blessure que je ressens encore.

EXERCICE 79ᵉ.

Ulysse qui m'avait engagé dans cette guerre fut le premier à m'abandonner J'ai reconnu depuis qu'il l'avait fait parce qu'il préférait l'intérêt commun de la Grèce et la victoire à toutes les raisons d'amitié Mais au moment où je me vis abandonné de tous les Grecs par les conseils d'Ulysse cette politique me parut pleine de la plus horrible inhumanité et de la plus noire trahison Hélas j'étais aveugle et je ne voyais pas qu'il était juste que les plus sages hommes fussent contre moi de même que les Dieux que j'avais irrités.

Je demeurai pendant presque tout le siége de Troie seul sans secours sans espérance sans soulagement livré à d'horribles douleurs dans cette île déserte et sauvage où je n'entendais que le bruit des vagues de la mer qui se brisaient contre les rochers Depuis dix ans je souffrais la honte la douleur la faim je nourrissais une plaie qui me dévorait l'espérance même était éteinte dans mon cœur.

Tout à coup revenant de chercher des plantes médicinales pour ma plaie j'aperçus dans mon antre un jeune homme beau gracieux mais fier et d'une taille de héros Il me sembla que je voyais Achille tant il en avait les traits les regards et la démarche O étranger lui dis-je d'assez loin quel malheur t'a conduit dans cette île inhabitée Je reconnais l'habit grec cet habit qui m'est encore si cher Oh qu'il me tarde d'entendre ta voix et de trouver sur tes lèvres cette langue que j'ai apprise dès l'enfance et que je ne puis plus parler dans cette solitude.

HOMONYMES.

On appelle *homonymes* des mots qui se prononcent de même, mais s'écrivent différemment.

EXERCICE 80ᵉ.

Remplacer chaque tiret par le mot que demande l'explication qui le suit.

Abaisse, abbesse.

— désigne la supérieure d'un couvent ; — une pâte qui sert de fond aux pièces de pâtisserie.

Accort, accord.

— signifie harmonie ; — est un adjectif masculin dont le féminin est *accorte*.

Aile, elle.

— est un pronom personnel ; — une partie du corps de l'oiseau.

Aine, haine, Aisne.

— est une rivière de France ; — une partie du corps ; — un sentiment d'aversion.

Air, ère, hère, aire, haire.

— est le fluide que nous respirons ; — le nid des oiseaux

de proie, ou un lieu préparé pour le battage du blé ; — une époque principale servant de point de départ pour les autres ; — un instrument de pénitence ; — un pauvre diable. On écrit j' —, tu —, il —, ils — le verbe *errer*.

Haie, et, ais, eh ! hé ! ès.

— est une planche en bois ; — une clôture ; — la principale conjonction copulative ; — une interjection servant à appeler ; — une autre interjection, — une préposition signifiant *dans*. On écrit tu —, il — le verbe *être*; j' —, que —, que tu —, qu'il — qu'ils — le verbe *avoir*; je — tu — il — le verbe *haïr*.

Haleine, alène.

— désigne un poinçon ; — la respiration.

Haleter, allaiter.

— signifie nourrir de lait ; — respirer péniblement. On écrit j' —, tu —, il —, ils — le verbe *allaiter*; je —, tu —, il — ils — le verbe *haleter*.

Amande, amende.

— est un fruit ; — une peine pécuniaire. On écrit j' —, tu —, il —, ils — le verbe *amender*.

An, han, en.

— c'est l'année ; — une préposition ou un pronom ; — le cri sourd d'un homme qui frappe un coup.

Hanche, anche.

— désigne le bec d'un instrument à vent ; — une partie du corps.

EXERCICE 81e.

Encre, ancre.

— signifie un crochet en fer pour fixer les navires ; — une liqueur dont on se sert pour écrire.

Entre, antre.

— est une caverne ; — une préposition. On écrit j' —, tu —, il —, ils — le verbe *entrer*.

Août, houe, houx, ou, où.

— est un des douze mois ; — une plante toujours verte dont les feuilles sont armées de piquants ; — un instrument d'agriculture ; — un adverbe de lieu ; — une conjonction disjonctive.

Appas, appât.

— signifie amorce ; — veut dire charmes, attraits.

Haras, Arras.

— est une ville de France ; — un parc pour les chevaux. On écrit je —, tu —, il —, ils — le verbe *harasser*.

Arques, arc.

— désigne une partie de circonférence ; — une ville de France. On écrit j' —, tu —, il —, ils — le verbe *arquer*.

Arrhes, hart, are, art.

— science pratique ; — un gage donné à compte ; — un lien ; — une surface.

Athée, hâté, hâtez, hâter.

— qui ne croit pas à Dieu ; — participe, — infinitif, — 2e pers. du plur. du verbe *hâter*.

Au, aulx, eau, os, haut, oh ! ho ! ô.

— désigne un liquide ; — la substance osseuse ; — le pluriel de *ail* ; — un article, dont le pluriel est *aux ;* — un adjectif signifiant *élevé ;* — une interjection marquant la surprise ; — une autre interjection ; — une particule vocative, précédant quelquefois les pronoms *toi, vous*, et le nom de l'être à qui l'on parle.

Ode, Aude.

— est une rivière de France ; — un poème lyrique.

Hospice, auspice.

— signifie présage, protection ; — hôpital.

Autant, autan.

— est le nom *d'un vent du midi ;* — un adverbe de quantité.

EXERCICE 82e.

Hôtel, autel.

— désigne une table pour les sacrifices dans les cérémonies religieuses ; — une hôtellerie.

Auteur, hauteur.

— signifie créateur, producteur ; — élévation.

Avant, avent.

— est le temps qui précède Noel dans les rituels catholiques ; — est une préposition.

Bai, baie.

— est une sorte de rade, ou de petit fruit tel que la groseille ; — un adjectif signifiant rouge-brun. On écrit je —, tu —, il —, ils — le verbe *bayer.*

Balle, Bâle, bal.

— signifie danse ; — boule, ballot ; — une ville suisse.

Ballet, balai.

— est un ustensile servant à balayer ; — une danse figurée représentant un sujet. On écrit, je —, tu —, il, — ils — le verbe *balayer.*

Ban, banc.

— se dit d'une publication ; — d'un siége sur lequel on s'assied.

Bât, bas, bah !

— est un nom de vêtement pour la jambe, ou un adjectif dont le féminin est *basse ;* — une selle que l'on met sur les bêtes de somme ; — une interjection marquant insouciance. On écrit je —, tu —, il — le verbe *battre.*

Basilic, basilique.

— signifie une église principale ; — une fleur, ou un serpent fabuleux.

Baux, beau, bot.

— est le pluriel de *bail ;* — le masculin de *belle ;* — un adjectif qui ne s'emploie qu'avec *pied.*

Bette, bête.

— signifie animal, sot ; — une plante potagère.

Bon, bond.

— signifie saut, élan ; — est le masculin de *bonne.*

Bonace, bonasse.

— signifie le calme de la mer ; — est un adjectif signifiant simple et sans malice.

Bout, boue.

— est un nom féminin signifiant fange ; — un nom masculin qui veut dire extrémité. On écrit je —, tu —, il — le verbe *bouillir.*

Butte, but.

— c'est le point où l'on vise ; — une élévation où se trouve le but. On écrit je —, tu —, il —, ils — le verbe *butter.*

Sas, sa, ça, ç'a, çà.

— est un pronom signifiant cela ; — un adverbe de lieu et une interjection ; — une élision pour *ce a ;* — le nom d'une espèce de crible ; — un adjectif possessif.

EXERCICE 83ᵉ.

Cale, cal.

— veut dire durillon ; — fond d'un vaisseau, talus, pierre ou morceau de bois pour *caler.* On écrit je —, tu —, il —, ils — le verbe *caler.*

Caen, kan, camp, quand, quant, qu'en.

— désigne un lieu où l'on campe ; — une ville de France ; —

un chef tartare ; — est un adverbe interrogatif, ou une conjonction signifiant *lorsque* ; — un adverbe distributif toujours suivi de *à* ; — une élision pour *que en*.

Canot, canaux.

— est le pluriel de *canal* ; — un bateau léger.

Canne, Cannes, cane.

— est la femelle du canard ; — un roseau, un jonc, un bâton ; — une ville de France.

Cape, cap.

— masculin, veut dire promontoire, avant de navire, tête ; — féminin, un vêtement.

Quarte, carte.

— c'est du papier ; — un terme de jeu ou d'escrime, ou un adjectif qui s'ajoute au mot *fièvre*.

Ce, se.

— est un pronom ou un adjectif démonstratif ; — un pronom réfléchi.

Séant, céans.

— Signifie *ici dedans*. — est ou un nom qui représente une partie du corps, ou un mot verbal venant du verbe *seoir*.

Sein, saint, sain, cinq, ceint, seing.

— désigne une partie du corps, ou l'intérieur d'une chose ; — une signature ; — est un adjectif, masculin de *saine* ; — un adjectif, masculin de *sainte* ; — un adjectif numéral ; — le participe passé du verbe *ceindre*. On écrit je —, tu —, il — le verbe *ceindre*.

Seller, sceller, céler.

— signifie cacher ; — mettre la selle ; — mettre le sceau. On écrit je —, tu —, il —, ils — le verbe *céler* ; je —, tu —, il —, ils — le verbe *seller* ; je —, tu —, il —, ils — le verbe *sceller*.

Scène, Seine, cène, saine.

— représente le dernier repas de J.-C. ; — signifie action,

représentation, théâtre ; — un fleuve de France ; — ~~est un~~ ad-jectif, féminin de *sain*.

Sens, sang, cens, cent, sans, c'en, s'en.

— signifie impôt, recensement ; — ce qui coule dans les veines ; — la faculté, l'organe de la sensibilité, la significa-tion, le côté d'une chose ; — est un adjectif numéral ; — une préposition ; — une élision pour *se en* ; — une élision pour *ce en*. On écrit je —, tu —, il — le verbe *sentir*.

EXERCICE 84e.

Cet, ces, saie, cep, sept, c'est, s'est.

— désigne un pied de vigne ; — une espèce de vêtement ; — le masculin de *cette* ; — le pluriel de *ce*, *cette* ; — un ad-jectif numéral ; — une élision pour *ce est* ; — une élision pour *se est*. On écrit je —, tu—, il — le verbe *savoir*.

Serf, cerf.

— représente un quadrupède ; — un homme en servitude. On écrit je —, tu —, il — le verbe *servir* ; je —, tu —, il —, ils — le verbe *serrer*.

Chêne, chaîne.

— est un lien ; — un arbre.

Cher, chère, chair, chaire.

— signifie la substance musculaire ; — c'est la manière de se nourrir, ou le féminin de l'adjectif *cher* ; — le siége où se tient le prédicateur ; — est un adjectif masculin, ou le nom d'une rivière de France.

Chant, champ.

— est analogue à chanter ; — à champêtre.

Chat, chas.

— c'est le trou de l'aiguille ; — un animal.

Chute, chut !

— c'est l'action de tomber ; — une interjection pour im-poser silence.

Scie, ci, si, six, s'y.

— est un adverbe de lieu ; — un adverbe, signifiant *tellement*, ou une conjonction conditionnelle ; — un outil pour scier ; — un adjectif numéral ; — une élision pour *se y*. On écrit je —, tu —, il —, ils — le verbe *scier*.

Sire, cire.

— représente une substance sécrétée par l'abeille ; — un titre donné aux souverains. On écrit je —, tu —, il —, ils — le verbe *cirer*.

Clair, clerc.

— désigne ou un ecclésiastique ou un commis de légiste ; — est un adjectif dont le féminin est *claire*.

Coi, quoi.

— est un adjectif signifiant tranquille ; — un pronom indéfini.

Col, colle.

— signifie tout matière qui sert à coller ; — le cou, ou un passage étroit entre deux montagnes. On écrit je —, tu —, il —, ils — le verbe *coller*.

Conte, comte, compte.

— est un titre ; — un récit ; — une supputation. On écrit je —, tu —, il —, ils — le verbe *conter* ; je —, tu —, il —, ils — le verbe *compter*.

Content, comptant.

— est le masculin de *contente* ; — le participe présent de *compter*.

Coque, coq.

— est un oiseau ; — une coquille.

Corps, cor.

— désigne un instrument de musique, ou une callosité aux pieds ; — signifie tout objet corporel.

EXERCICE 85e.

Cote, cotte, côte, quote.

— représente certains os, ou signifie rivage de la mer; — un habillement; — une part d'impôt, une marque; — est un adjectif dont est formé le mot *quotité*. On écrit je —, tu —, il —, ils — le verbe *coter*.

Cou, coût, coup.

— signifie col; — l'action de frapper; — le prix d'une chose.

Cours, cour, court.

— est un nom féminin; — un nom masculin; — le masculin de *courte*. On écrit je —, tu —, il —, ils —; et au subj. que je —, que tu —, qu'il — le verbe *courir*.

Crin, craint.

— est le participe passé de *craindre*; — un poil long et rude. On écrit je —, tu —, il — le verbe *craindre*.

Cric, cri.

— est un nom d'où dérive *crier*; — une machine à soulever les fardeaux. On écrit je —, tu —, il —, ils — le verbe *crier*.

Cru, crû, crûe.

— est un adjectif signifiant le contraire de *cuit*, ou c'est le participe passé de *croire*; — est un nom masculin signifiant terroir, ou c'est le partic. passé de *croître*; — un nom féminin signifiant accroissement des eaux, des plantes, ou c'est le participe féminin de *croître*. On écrit je —, tu —, il — le verbe *croire*; je —, tu —, il — le verbe *croître*.

Cuir, cuire.

— est une peau préparée; — un infinitif.

Dé, dais, dès, des, dey.

— signifie un poêle en ciel-de-lit; — un petit instrument de couturière, ou un petit cube pour le jeu; — est un article composé pluriel; — une préposition signifiant *depuis*; — une dignité chez les musulmans.

Dent, dans, d'en.

— est une préposition; — une partie de la mâchoire; — une élision pour *de en*.

Datte, date.

— désigne une époque; —un fruit. On écrit je —, tu —, il —, ils — le verbe *dater*.

Dégoutter, dégoûter.

— vient du mot *dégoût* ; — du mot *goutte* (tomber goutte à goutte).

Dessin, dessein.

— signifie résolution, projet ; — est une image, un plan, un art.

Différent, différend, différant.

— est un nom signifiant querelle ; — un adjectif dont le féminin est *différente* ; — un participe présent.

EXERCICE 86e.

Don, dom, dont, donc.

— est un nom qui signifie présent, cadeau ; —un pronom relatif ; — un adverbe, quelquefois conjonction ; — un titre religieux ; quand le titre est laïque, il s'écrit *don*.

Dû, du.

— est un article composé ; — un nom masculin singulier signifiant *chose due*, ou le participe passé du verbe *devoir* : le féminin en est *due* au singulier, *dues* au pluriel, et le masculin pluriel *dus*. On écrit je —, tu —, il — le verbe *devoir* au passé défini, et qu'il — à l'imparfait du subjonctif.

Effort, éphore.

— était le nom d'un magistrat de Sparte ; — désigne une tentative, un mouvement énergique.

Hanter, enter.

— veut dire greffer ; — fréquenter. On écrit je —, tu —,

il —, ils — le verbe *hanter* ; j' —, tu —, il —, ils — le verbe *enter*.

Étain, étaim, éteint.

— est un métal ; — la partie la plus fine de la laine cardée ; — un participe passé. On écrit j' —, tu —, il — le verbe *éteindre*.

Hêtre, être.

— est un infinitif ou un nom ; — le nom d'un arbre.

Œufs, eux.

— est le pluriel de *œuf* ; — est un pronom personnel.

Exhausser, exaucer.

— signifie écouter favorablement ; — rendre plus haut. On écrit j' —, tu —, il —, ils — le verbe *exaucer* ; j' —, tu —, il — ils — le verbe *exhausser*.

Fin, faim, feint.

— est le besoin de manger ; — est un nom signifiant terme, but, ou c'est un adjectif dont le féminin est *fine* ; — un participe passé. On écrit je —, tu —, il — le verbe *feindre*.

Fer, faire.

— est un infinitif ; — le nom d'un métal.

Faîte, fête, faite.

— signifie solennité ; — cime ; — est un participe féminin. On écrit vous — le verbe *faire*, et je —, tu —, il —, ils — le verbe *fêter*.

Fait, faix.

— est un nom signifiant fardeau ; — un nom signifiant action, ou un participe passé. On écrit je —, tu —, il — le verbe *faire*.

EXERCICE 87e.

Fard, phare.

— est un cosmétique ; — un fanal sur la mer.

Fosse, fausse.

— est le féminin de l'adjectif *faux* ; — un trou dans la terre. On écrit je —, tu —, il —, ils — le verbe *fausser*.

Fil, file.

— est une suite d'objets ; — est un brin menu et allongé de chanvre, de lin, etc. On écrit je —, tu —, il —, ils — le verbe *filer*.

Flanc, flan.

— est une espèce de tarte ; — une partie du corps (le côté).

Foie, foi, fois, Foix.

— signifie confiance, ou représente une vertu théologale ; — est le nom d'un viscère ; — veut dire circonstance de temps ; — une ville de France.

Fonts, fond, fonds.

— signifie le bassin où l'on baptise ; — le point le plus bas d'un creux ; — un bien en terre, marchandise ou argent. On écrit ils — le verbe *faire*.

Foret, forêt.

— est un bois ; — un instrument à percer des trous.

Frais, frai, fret.

— représente des œufs de poissons, de grenouilles ; — est le masculin de *fraîche* ; — la cargaison d'un navire.

Guet, gai, gué.

— est un adjectif dont le féminin est *gaie*, — un nom signifiant patrouille ; — un passage à pied dans un cours d'eau.

Gant, Gand.

— est un vêtement pour la main ; — un nom de ville.

Gaze, gaz.

— est un fluide ; — une étoffe légère. On écrit je —, tu —, il —, ils — le verbe *gazer*.

Geai, jais.

— est une substance bitumineuse d'un noir luisant ; — un oiseau. On écrit j' — au présent de l'indic., et que j' — au prés. du subjonct. le verbe *avoir*.

Gens, gent, Jean, j'en.

— est un substantif féminin signifiant race ; — veut dire des personnes ; — est un nom d'homme ; — une élision pour *je en*.

Grâce, grasse, Grasse.

— est une ville de France ; — le féminin de *gras* ; — signifie bienfait, reconnaissance, agrément.

Grèce, graisse.

— vient de *gras* ; — est un nom propre de contrée. On écrit je —, tu —, il —, ils — le verbe *graisser*.

Gré, grès, Gray.

— est une sorte de pierre ; — une ville de France ; — signifie volonté.

Guère, guerre.

— est un nom féminin ; — un adverbe signifiant un peu.

EXERCICE 88ᵉ.

Ache, hache.

— est un instrument ; — une plante. On écrit je —, tu —, il —, ils — le verbe *hacher*.

Heure, heur, heurt, Eure.

— est un nom masculin, signifiant heureuse chance ; — un nom féminin représentant la 24ᵉ partie du jour ; — signifie coup, achoppement ; — une rivière de France.

Or, hors.

— est un adverbe ou une préposition ; — le nom d'un métal, ou une conjonction.

Hôte, hotte, haute.

— est un panier qui se porte sur le dos ; — celui qui loge ou qui est logé ; — le féminin de l'adjectif *haut*. On écrit j' —, tu —, il —, ils — le verbe *ôter*.

Huit, huis.

— signifie porte, on en a formé *huissier ;* — est un adjectif numéral.

Une, hune.

— est une partie du navire ; — le féminin de *un*.

Ile, il, Ille.

— est un pronom ; — une partie de terre entourée d'eau ; — est le nom d'une petite rivière de France.

Jarre, jars.

— est le mâle de l'oie ; — un vase.

Jeune, jeûne.

— signifie peu âgé ; — veut dire abstinence. On écrit je —, tu —, il —, ils — le verbe *jeûner*.

Lacs, la, las, las ! là.

— est un article ou un pronom ; — un nom signifiant lacets ; — le masculin de l'adjectif *lasse ;* — une interjection marquant apitoiement ; — un adverbe de lieu.

Laque, lac.

— est une pièce d'eau ; — un vernis.

Laid, lai, laie, lait, lé.

— est le nom d'un petit poëme, ou un adjectif signifiant *laïque ;* — le masculin de *laide ;* — la femelle du sanglier ; — une largeur d'étoffe ; — un nom dont est formé *laitage*.

Lares, lard, l'art.

— est un nom d'où vient *larder ;* — signifie dieux pénates, foyers ; — est une élision pour *le art*.

Laon, lent, l'en, l'an.

— est le masculin de *lente ;* — une ville de France ; — une élision pour *le en ;* — une élision pour *le an*.

Leste, lest, l'est.

— signifie poids pour lester ; — est un adjectif signifiant agile ; — une élision pour *le est* (un point cardinal).

Leur, leurre, l'heure.

— signifie une attrape ; — est un pronom ou un adjectif possessif ; — une élision pour *la heure*. On écrit je —, tu —, il —, ils — le verbe *leurrer*.

EXERCICE 88e.

Lice, lis, lisse.

— est une fleur ; — la carrière où l'on court, ou la femelle d'un chien de chasse ; — un adjectif signifiant uni. On écrit je —, tu —, il —, ils — le verbe *lisser*.

Lie, lit.

— est une couche ; — un sédiment. On écrit je —, tu — il — le verbe *lire*, et je —, tu —, il —, ils — le verbe *lier*.

Lieue, lieu.

— signifie endroit ; — une mesure itinéraire.

Lion, Lyon.

— est un animal ; — une ville de France. On écrit nous —, au présent de l'indic., et nous —, à l'imparfait de l'indic. et au présent du subj., le verbe *lier*.

Lyre, lire, l'ire.

— est un infinitif ; — un instrument de musique ; — une élision pour *la ire* (la colère).

Loque, loch.

— est une potion médicinale ; — un haillon.

Loire, loir, Loir.

— est un fleuve de France ; — une rivière de France ; — un animal.

Lors, lord, l'or.

— est un noble anglais ; — un adverbe de temps ; — une élision pour *le or*.

Lutte, lut, luth, l'ut.

— signifie un enduit ; — un instrument de musique ; — un exercice ; — une élision pour *le ut*. On écrit je —, tu —, il —, ils — le verbe *luter*, et je —, tu —, il —, ils — le verbe *lutter*.

Ma, mât, m'as, m'a.

— est une pièce de bois qui porte les voiles ; — un adjectif possessif ; — une élision pour *me as* ; — une autre élision pour *me a*.

Mets, mes, mai, mais, m'es, m'est.

— est le nom d'un mois ; — une nourriture ; — un adjectif possessif ; — une conjonction ; — une élision pour *me es* ; etc. On écrit je —, tu —, il — le verbe *mettre*.

Maille, mail, m'aille, m'ailles, m'aillent.

— est une promenade ; — signifie nœud ; — est une élision pour *me aille* ; etc.

Maint, Mein, main.

— est une partie du corps ; — une rivière ; — un adjectif dont le féminin est *mainte*.

Mère, mer, Maire.

— est une dignité ; — le féminin de père ; — l'océan.

Mètre, maître, mettre.

— c'est celui qui commande ; — une mesure ; — un infinitif.

EXERCICE 90e.

Malle, mâle, mal.

— c'est l'opposé de bien ; — une caisse de voyage ; — est un adjectif signifiant qui est du sexe masculin.

Manne, mânes.

— signifie certains dieux, les ombres des morts, — une sorte de panier, ou une drogue.

Menthe, mante, Mantes.

— est un vêtement ; — une plante ; — une ville de France. On écrit que je —, que tu —, qu'il —, qu'ils — le verbe *mentir*.

Marri, mari, Marie.

— signifie époux ; — veut dire fâché ; — est un nom de femme. On écrit je —, tu —, il —, ils — le verbe *marier*.

Mâtin, matin.

— c'est l'aube du jour ; — un chien de forte espèce.

Mot, maux, Meaux.

— est le pluriel de mal ; — signifie parole ; — est une ville de France.

Messe, Metz.

— est une cérémonie religieuse ; — une ville.

Mi, mie, m'y.

— désigne la partie molle du pain, ou est un diminutif de *amie* ; — est une note de musique ou un diminutif de *demi* ; — est une élision pour *me y*. On écrit je —, tu —, il — le verbe *mettre*.

Mille, mil.

— est un nom signifiant millet, ou un adjectif ordinal ; — est un adjectif cardinal (quelquefois ordinal), ou un nom de mesure itinéraire.

Myrrhe, mire.

— signifie vision ou ce qui guide la vision dans l'usage des armes à feu ; — un parfum. On écrit je —, tu —, il —, ils — le verbe *mirer*, et ils — le verbe *mettre*.

Molle, môle.

— est le nom d'une digue en mer ; — le féminin de l'adjectif *mou*.

Mort, mors, Maure et more.

— est une partie de la bride ; — la fin de la vie ; — un Africain.

Moue, mou, moût.

— est un nom masculin représentant une substance animale, ou un adjectif dont le féminin est *molle* ; — du vin non fermenté. On écrit je —, tu —, il — le verbe *moudre*.

Mu, mue.

— est un nom signifiant changement de voix, de peau, etc. ; — est un participe passé. On écrit je —, tu —, il —, et au subj. qu'il — le verbe *mouvoir* ; je —, tu —, il —, ils — le verbe *muer*.

Mûre, mur, mûr.

— représente une muraille ; — est un adjectif dont le féminin est *mûre* ; — le nom d'un fruit. On écrit je —, tu —, il —, ils — le verbe *murer*.

Né, nez.

— est le nom d'une partie du visage ; — le participe de *naître*.

Ni, nid, n'y.

— désigne l'endroit où l'oiseau dépose ses œufs ; — est une conjonction négative ; — une élision pour *ne y*. On écrit je —, tu —, il —, ils — le verbe *nier*.

EXERCICE 91ᵉ.

Non, nom, n'ont.

— est le substantif qui sert à nommer ; — un adverbe négatif ;— une élision pour *ne ont*.

Nu, nue.

— est un nom signifiant nuage ; — un adjectif masculin dont le féminin est *nue*.

Nui, nuit, Nuits.

est un nom signifiant obscurité ; — une ville de France ; — un participe passé. On écrit je —, tu —, il — le verbe *nuire*.

Hombre, ombre.

— signifie obscurité ; — une espèce de jeu. On écrit j' — tu —, il —, ils — le verbe *ombrer*.

Oublie, oubli.

— masculin est un manque de mémoire ; — féminin, une espèce de pâtisserie. On écrit j' — tu —, il —, ils — le verbe *oublier*.

Oui, ouïe, ouï.

— est un des cinq sens ; — une affirmation ; — un participe passé. On écrit j' —, tu —, il — le verbe *ouïr* au passé défini.

Père, pair, paire.

— est un nom de dignité, ou un adjectif signifiant égal ; — est le masculin de *mère* ; — une réunion de deux. On écrit je —, tu —, il — le verbe *perdre*.

Paie, paix.

— est un nom signifiant tranquillité ; — un paiement. On écrit je —, tu —, il —, ils — le verbe *payer*.

Pin, pain, peint.

— est un aliment ; — un arbre ; — un participe passé. On écrit je —, tu —, il — le verbe *peindre*.

Palet, palais.

— désigne l'intérieur de la bouche, ou une habitation royale ; — un disque à jouer.

Paon, pan.

— représente une partie de mur, de vêtement ; — un oiseau. On écrit je —, tu —, il — le verbe *pendre*.

Penser, panser.

— signifie donner des soins à un cheval, à une plaie ; — c'est réfléchir. On écrit je —, tu —, il —, ils — le verbe *penser*, et je —, tu —, il —, ils — le verbe *panser*.

Part, par.

— est une préposition ; — un substantif qui signifie partie, portion. On écrit je —, tu —, il — le verbe *partir*, et je —, tu —, il —, ils — le verbe *parer*.

Parques, parc.

— est un enclos ; — une espèce de divinités. On écrit je —, tu —, il —; ils — le verbe *parquer*.

Pari, Paris.

— est la capitale de la France ; — un nom qui signifie gageure. On écrit je —, tu —, il —, ils — le verbe *parier*.

Parti, partie.

— est un nom qui signifie résolution ou faction, ou bien c'est un participe passé ; — nom féminin veut dire une part ou fraction. On écrit je —, tu —, il — le verbe *partir*.

EXERCICE 92ᵉ.

Patte, pâte.

— signifie farine pétrie ; — se dit des pieds de certains animaux.

Pomme, paume.

— c'est le dedans de la main ; — le fruit du pommier.

Peau, pot, Pau, Pô.

— est une ville de France ; — le tissu membraneux qui recouvre le corps ; — un vase ; — un fleuve d'Italie.

Pose, Pause.

— signifie repos ; — veut dire position, l'action de poser. On écrit je —, tu —, il —, ils — le verbe *poser*.

Pécheur, pêcheur.

— est celui qui commet des péchés ; — celui qui prend du poisson.

Penne, pène, peine.

— c'est de la fatigue, de la douleur ; — une partie de la serrure ; — une plume. On écrit je —, tu —, il —, ils — le verbe *peiner*.

Pic, pique.

— est un roc élevé, ou un oiseau grimpeur, ou un instrument en fer, ou un terme de jeu de piquet ; — une arme. On écrit je —, tu —, il —, ils — le verbe *piquer*.

Pieu, pieux.

— est un adjectif dont le féminin est *pieuse ;* — un morceau de bois pointu par un bout.

Plaie, plaids, plaid.

— signifie plaidoyers ; — blessure ; — manteau écossais. On écrit je —, tu —, il — le verbe *plaire*.

Plein, plain.

— signifie uni, plan ; — rempli. — On écrit je —, tu —, il — le verbe *plaindre*.

Pleine, plaine.

— désigne une certaine étendue de pays plat ; — est le féminin de l'adjectif *plein*.

Plinthe, plainte.

— c'est l'action de se plaindre ; — un terme de menuiserie, désignant une saillie au pied d'une colonne, d'un bâtiment ou des murs d'un appartement.

Plant, plan.

— signifie une surface plane, un dessin ; — une jeune tige plantée ou à planter.

Pois, poids, poix.

— signifie pesanteur ; — est un légume ; — une résine.

Point, poing.

— c'est la main fermée ; — la trace d'une pointe. On écrit il — le verbe *poindre*.

Port, pore, porc.

— désigne un trou imperceptible à la peau ; — un asile pour les vaisseaux, ou l'action de porter ; — un animal.

Pousse, pouce.

— est le nom du premier doigt de la main ; — celui d'un

rejeton d'arbre. On écrit je —, tu —, il —, ils — le verbe *pousser*.

Prêt, près, pré.

— est un adverbe marquant proximité ; — un adjectif signifiant préparé à ; — une prairie.

Pris, prix.

— signifie valeur d'un objet, récompense ; — est un participe passé. On écrit je —, tu —, il —, et au subj. qu'il — le verbe *prendre* ; je —, tu —, il —, ils — le verbe *prier*.

Provin, Provins.

— est une ville de France ; — un rejeton de cep de vigne. On écrit je —, tu —, il —, et au subj. qu'il — le verbe *provenir*.

Puits, puis.

— est un adverbe, souvent conjonction ; — le nom d'un creux où l'on puise de l'eau, de la houille, etc. On écrit je — le verbe *pouvoir*.

Rais, raie.

— nom féminin, signifie une ligne tracée, un poisson ; — masculin, les rayons d'une roue. On écrit je —, tu —, il —, ils — le verbe *rayer*.

EXERCICE 93e.

Réponse, raiponce.

— représente une plante ; — l'action de répondre.

Résonner, raisonner.

— signifie faire un raisonnement ; — veut dire retentir. On écrit je —, tu —, il —, ils — le verbe *résonner*, et je —, tu —, il —, ils — le verbe *raisonner*.

Roc, rauque.

— est un adjectif signifiant rude ; — est un rocher ardu.

Régale, régal.

— signifie bonne chère ; — un droit dont jouissaient nos

anciens rois, ou c'est un adjectif se rapportant à *eau* dans *eau régale*. On écrit je —, tu —, il —, ils — le verbe *régaler*.

Renne, rêne, reine, Rennes.

— est le féminin de *roi;* — un animal; — une courroie pour conduire les chevaux; — une ville de France.

Repère, repaire.

— est une retraite pour les bêtes féroces; — une marque pour se retrouver dans un livre, dans un registre.

Sandale, sandal.

— est le nom d'un bois de teinture; — une sorte de chaussure.

Satyre, satire.

— signifie critique; — est une divinité païenne.

Sol, sole, saule.

— est le nom d'un arbre; — celui d'un poisson; — signifie terrain, ou une note de musique.

Saumure, Saumur.

— c'est de l'eau salée; — une ville de France.

Sort, saur, saure.

— est un adjectif signifiant fumé; — la couleur d'un cheval (jaune-brun); — est un nom signifiant destinée, hasard. On écrit je —, tu —, il — ils — le verbe *sortir*, et je —, tu —, il —, ils — le verbe *saurer*.

Sot, saut, seau, sceau, Sceaux.

— est l'action de sauter; — un vase; — un cachet; — une ville de France; — est un adjectif dont le féminin est *sotte*.

Cellier, sellier.

— est un ouvrier en sellerie; — un endroit où l'on met le vin.

Serein, serin.

— est un nom d'oiseau dont le féminin est *serine;* — un adjectif dont le féminin *sereine*.

Cession, session.

— signifie une suite de séances ; — un abandon, l'action de céder.

Soque, soc.

— c'est le fer de la charrue ; — une chaussure.

Soie, soi, soit.

— est un pronom réfléchi ; — un fil long et brillant produit par certains insectes ; — une conjonction, à moins que ce ne soit un verbe. On écrit — l'impératif, et que je —, que tu —, qu'il —, qu'ils — le présent du subj. du verbe *être*.

Statut, statue.

— est une figure de plein relief ; — un règlement. On écrit je —, tu —, il —, ils — le verbe *statuer*.

Sûr, sur.

— est une préposition ; — un adjectif dont le féminin est *sûre*.

Tas, ta.

— est un adjectif possessif ; — un nom signifiant amas.

Tâcher, tacher.

— signifie salir ; — s'efforcer.

EXERCICE 94e.

Tes, têt, taie, t'es, t'est.

— se dit d'une enveloppe d'oreiller, ou d'une maladie de l'œil ; — est une étable à porcs, ou un débris de vase cassé ; — est un adjectif possessif ; — une élision pour *te es* ; etc. On écrit je —, tu —, il — le verbe *taire*.

Thym, tain, teint.

— c'est de l'étain pour glace ; — une plante odorante ; — un nom signifiant couleur, ou un participe passé. On écrit je —, tu —, il — le verbe *teindre*.

Terre, ter, taire.

— est un infinitif ; — le globe terrestre ; — un adverbe signifiant trois fois.

Temps, tan, tant, t'en.

— est la substance avec laquelle on tanne ; — la durée des êtres et des choses ; — un adverbe de quantité ; — une élision pour *te en*. On écrit je —, tu —, il — le verbe *tendre*.

Tente, tante.

— c'est le féminin de oncle ; — une toile tendue pour servir d'abri. On écrit je —, tu —, il —, ils — le verbe *tenter*.

Tôt, taux.

— est une taxe ; — un adverbe de temps.

Toit, toi.

— est un pronom ; — un nom signifiant toiture, abri.

Tort, tors.

— signifie tordu ; — une faute. On écrit je —, tu —, il — le verbe *tordre*.

Tout, toue, toux.

— est un bateau plat ; — le mouvement par lequel on tousse ; — un pronom, ou un adjectif, ou un adverbe.

Tour, Tours.

— c'est une ville de France ; — un édifice élevé.

Très, trait.

— est un nom signifiant projectile, longe pour les chevaux, ligne tracée, action ; — est un adverbe. On écrit je —, tu —, il — le verbe *traire*.

Tribut, tribu.

— signifie famille constitutive chez les anciens ; — un impôt.

Troie, Troyes, trois.

— est un nombre ; — l'antique capitale de la Troade ; — une ville de France.

Trot, trop.

— est un adverbe ; — une allure du cheval.

Vin, vain, vingt.

— est un adjectif dont le féminin est *vaine ;* — une boisson ; — un adjectif numéral. On écrit je —, tu —, il —, et au subj., il — le verbe *venir.*

Veine, vaine.

— est le féminin de l'adjectif *vain ;* — un canal pour le sang.

Vent, van.

— est un instrument d'osier ; — une agitation de l'air.

Vôtre, votre.

— est un adjectif possessif ; — un pronom possessif. On écrit je me —, tu te —, il se —, ils se — le verbe *se vautrer.*

Vaux, veau, vos.

— c'est le petit de la vache ; — le pluriel de *val ;* — un adjectif possessif. On écrit je —, tu —, il — le verbe *valoir.*

Verre, ver, vert, vers, vair.

— est un insecte ; — un corps vitrifié, un vase à boire ; — un adjectif dont le féminin est *verte ;* — un nom dont est formé *versifier,* ou une préposition qui marque direction ; — une fourrure.

Vis, vice.

— signifie défaut ; — ce qui entre dans l'écrou. On écrit je —, tu —, il —, ils — le verbe *visser.*

Ville, vile.

— est un adjectif, féminin de *vil ;* — le nom d'une cité.

Voix, voie.

— signifie chemin, moyen ; — un son. On écrit je —, tu —, il —, ils —, et au subj., que je —, que tu —, qu'il —, qu'ils — le verbe *voir.*

RÉCAPITULATION D'ORTHOGRAPHE.

EXERCICE 95e.

Corriger les mots en italiques.

Les *vrai* gens de lettres n'ambitionnent ni les honneurs ni les richesses.

Les *loup-garou* n'épouvantent plus que les vieilles femmes et les enfants.

L'estime et l'amour *perdu* ne se recouvrent jamais *tout* entiers.

Les mausolées des *Aristide* et des *Caton* ont péri détruits par le temps; mais la mémoire de leurs vertus vivra à jamais.

Les écrivains modernes multiplient hors de mesure les *alinéa*.

Si je savais quelque chose qui me fût *bon* à moi, mais préjudiciable aux autres, je m'en abstiendrais.

Ces actions, qui comblèrent Pompée de gloire, firent que, dans la suite, quelque chose qu'il eût *fait* au préjudice des lois, le sénat *le* lui pardonna.

J'ai ouï dire à *feu* ma sœur que sa fille et moi sommes nés le même jour.

Après s'être *battu* à outrance, et cruellement *blessé* l'un d'autre, on s'embrassait et l'on revenait sincèrement *ami*.

Quelque soient ses penchants le sage les surmonte.

Personne ne fut plus doué que Fénelon de cette indulgence, de cette bonté qui *captive* tous les cœurs.

Sans les chameaux, la plupart des caravanes traversant le désert *serait enseveli* dans les sables brûlants.

Périclès avait un langage et des manières *insinuant*. Il captiva longtemps les Athéniens, hommes légers et changeants.

Quand on m'a fait une offense, disait Descartes, je tâche d'élever mon âme si *haut* que l'offense ne puisse arriver jusqu'à elle.

L'impartialité du juge, ainsi que son mérite, ayant été justement *suspecté*, l'affaire fut portée devant un autre tribunal.

Armons l'homme contre les accidents imprévus; qu'Émile coure *nu-pieds* tous les matins en toute saison.

Il y a des théâtres où les places de parterre sont ouvertes à tout le monde, les femmes *excepté*.

EXERCICE 96ᵉ.

Le feu des guerres civiles dont François *deux* vit les premières étincelles, avait commencé sous la minorité de Charles *neuf*.

On avertit charitablement les autres de *leur* torts et de *leur* défauts pour avoir le plaisir de les humilier.

Cher enfant, disait-il à sa fille, tu es toute ma consolation ici-bas.

La bonté ou la méchanceté se *montre peint* sur le visage; ni adresse ni volonté ne *serait suffisant* pour tromper des yeux tant soit peu exercés.

Dire que peuples et nations sont *fait* pour les souverains, c'est dire que navire et équipage sont *fait* pour le pilote.

Les vrais philosophes ont plus mérité du genre humain que les *Hercule* et les *Thésée*.

L'auteur d'une Heure de mariage n'a voulu que faire rire à force de *quiproquo*.

Les *arc-en-ciel* n'ont lieu que lorsque le soleil est peu élevé sur l'horizon.

Quelque chose que vous ayez *avancé*, quand *il* est *avéré* pour vous, ne vous en désistez pas.

Quelque mauvais que puissent être certains livres, on y trouve toujours quelque chose qui mérite d'être *lu*.

On n'est que plus *chéri* alors que l'on est mère.

L'envie, ainsi que les autres passions, *semble* peu *compatible* avec le bonheur.

Plus nous donnerons aux autres l'occasion de plaire, plus nous *leur* plairons.

Un nombre infini de maîtres de langues, d'arts et de sciences *enseigne* ce qu'*il* ne *sait* pas.

Ce ne *sera* ni la force de vos armées ni l'étendue de votre empire qui vous *rendra* cher à vos peuples.

Il était d'une assiduité, d'une exactitude qui *étonnait* tout le monde.

Athéniens, ne soyez pas étonnés que Démosthène et moi *diffère* d'avis.

Marie Stuart prit le titre de reine d'Angleterre comme *descendant* de Henri VII.

———

EXERCICE 97ᵉ.

Les *ancien* hymnes d'église ont le mérite de la simplicité, les *nouveau* ont plus de grandeur.

On ferait mille *in-folio* des erreurs où sont tombés les hommes, et à grand'peine un in-douze des vérités qu'ils ont connues.

Les *loup-cervier* du Canada sont plus petits et plus blancs que ceux de nos contrées.

Puisque vous tenez tant à vos opinions, laissez-*leur* les *leur*.

On n'est véritablement heureux en ménage qu'à la condition d'être bien *uni*.

Ces assemblées, ainsi que les repas et les exercices publics, étaient toujours *honoré* de la présence des vieillards.

Des colonies, *quelque* riches qu'elles soient, ne valent pas le sacrifice d'un principe d'humanité.

Ce n'*était* plus les soldats de la république, mais ceux de Sylla, de Marius, de Pompée.

Pénélope sa femme, et moi qui (*être*) son fils (*avoir*) perdu toute espérance de le revoir.

L'humanité n'est qu'une succession d'êtres *naissant, vivant* et *mourant.*

Les accusateurs de Manlius lui reprochaient les discours séditieux qu'on l'avait *entendu* tenir, et les changements qu'il avait *proposé* d'introduire dans la république.

Les siècles (*ont* ou *sont*) passé, le temps rapide a fui;
Mais les jours écoulés recommencent pour lui.

On peut marcher à sa ruine par une route toute couverte d'*arc-de-triomphe.*

Quelque lumières que l'on ait, rien n'est plus commun que de se tromper.

Les eaux *dormant* sont meilleures pour les chevaux que les eaux vives.

Démocrite et Épicure, avec leurs atomes *déclinant* dans le vide, n'étaient guère plus enfants que Descartes avec ses atomes *tournoyant* dans le plein.

L'héroïsme espagnol est froid; la hauteur, l'arrogance y *domine.*

EXERCICE 98e.

Il y a beaucoup de *prétendu* (*savants* ou *savantes*) gens que l'on croit bien *occupé* dans leur cabinet, et qui y attrapent plus de mouches que de vérités.

Dans les assemblées délibérantes, les *zéro* forment les dizaines et les centaines.

Un ministre doit éviter, presque autant que le mal, les *demi-remède* dans les grands maux.

Le barbet a les oreilles longues et pendantes ; et la queue, de même que le corps, *couvert* de longs poils.

Quelque laborieuse et dure que soit la vie des gens de bien, elle l'est moins que celle des méchants.

Une nature sombre s'harmonise avec la douleur, mais une nature gaie et *tout* étincelante des rayons du soleil semble une ironie dans les temps de calamité.

C'*est* la fermeté d'âme et la netteté d'esprit qui nous *empêche* de tomber dans les erreurs du vulgaire.

Nous devons bien prendre garde à nous, hommes obscurs et ignorants, qui ne (*chercher*) la vérité que pour le bonheur de la connaître.

Des esprits bas et *rampant* ne s'élèvent jamais au sublime.

La Renommée dont Virgile a donné une peinture si brillante, est bien supérieure aux imitations que l'on en a *fait*.

Combien de siècles se sont *écoulé* avant que les hommes aient pu revenir au goût des anciens.

Quoique destinés par la nature à vivre *uni*, on se persécute dans les temps de révolutions comme si l'on était *né ennemi*.

Philippe montra partout un courage et une prudence *supérieur* à son âge.

Les *Bayard* et les *Duguesclin* ont été des modèles d'honneur et de vaillance.

Une foule de préjugés ne *cesse* d'obscurcir les lumières déjà si faibles de notre pauvre raison.

Combien peu il s'est fait de véritables *impromptu !* combien peu de véritables improvisations !

Ç'a été quelque chose de *cruel* que leur séparation.

EXERCICE 99e.

Quand vous aurez passé *quelque* dix-huit ans et demi comme moi loin des vôtres, peut-être ne vous plaindrez-vous plus de *quelque* courtes absences comme la dernière que vous avez faite.

La musique a toujours fait nos plus *cher* délices.

La guerre de *mil huit cent soixante-dix* laissera de bien tristes souvenirs en France.

Tout bonnes, *tout* obligeantes qu'on nous dit, Mesdames, que d'actes de bienfaisance nous aurions pu faire que nous n'avons pas faits !

Quelque grandes pertes que nous ayons essuyées, elles ne sont pas irréparables.

Avez-vous remarqué le plaisir que montrent les enfants à aller *nu-tête* et pieds *nu*, surtout quand il pleut ?

Nous étions quatre-*vingt*, eux deux *cent*, ils se sont vus contraints de céder.

Il n'y a pas de plus (*ennuyeux* ou *ennuyeuses*) gens que les petits quand ils font les beaux-esprits, et les grands quand ils manquent de franchise et de probité.

Les *lazaroni* vont *nu-pieds* et presque sans vêtements.

L'étude de l'histoire est la plus utile aux hommes, *quelque* soient leur âge et la carrière à laquelle ils se destinent.

Il faut que toi et tous ceux qui sont ici (*faire* au prés. du subj.) le même serment de mourir plutôt que de céder.

L'enfant apprend à sentir la pesanteur et la légèreté des corps en les *examinant* avec attention, les *palpant* et les *comparant* de toutes les manières.

Il est probable que notre globe a éprouvé autant de révolutions physiques que l'ambition en a *causé* de politiques parmi les peuples.

L'intérêt et la malignité suggèrent presque toutes les *arrière-pensée*.

Cette innombrable multitude d'hommes n'*avait* ni discipline ni chef capable de *la* commander. Aussi une poignée d'à peine trente mille Macédoniens l'eut-elle bientôt *anéanti*.

Les hommes *différant* tous d'opinions, comment y aurait-il accord dans une assemblée nombreuse ?

Que d'orateurs *divaguant* à la tribune devraient n'y monter jamais ?

EXERCICE 100ᵉ.

Il est permis à une personne de n'être pas *un* aigle, mais défendu de se montrer dépourvue de bon sens.

Vous savez mieux que moi, *quelque* soient nos efforts,
Que l'argent est la clé de tous les grands ressorts.

Quoique la noblesse de l'âne soit moins brillante, elle est *tout* aussi bonne, *tout* aussi ancienne que celle du cheval.

Tous les globes, *obéissant* aux éternelles lois de la gravitation, roulent d'un cours régulier dans les vastes champs de l'air.

Les mathématiques qu'on n'a pas *voulu* que j'étudiasse sont cependant bien utiles.

Les *serre-tête* sont des sortes de bonnets ; les *tête-à-tête*, des entrevues où l'on n'est que deux ; les *blanc-seing*, des signatures en blanc ; et les *hôtel-Dieu*, des asiles où l'on est reçu pour l'amour de Dieu.

Soyons attentifs et prévenons les *errata*, qui, ainsi que les *post-scriptum*, décèlent toujours quelque négligence.

On appelle orge *mondé* une orge qu'on a bien *nettoyé* et bien *préparé*, et orge *perlé*, de l'orge *réduit* en petits grains dépouillés de leur son.

Il est impossible de concevoir l'idée de propriété *naissant* d'autre chose que de celle de la main-d'œuvre.

Ils ne nous ont pas *vu* l'un et l'autre élever,
Moi pour vous obéir, et vous pour me braver.

Ceux qui ont beaucoup de valets sont comme les *mille-pied* et n'en courent pas plus vite.

Cent foudres d'airain étaient *braqué* sur les remparts.

C'est un instinct commun à tous les êtres *souffrant* que de chercher les lieux les plus sauvages et les plus déserts.

Vingt-deux dynasties se sont *succédé* dans l'empire chinois.

La plupart de ceux que vous avez *vu* mourir vous ont *laissé* étonnés de la promptitude de leur mort.

En possédant les cœurs, Baléazar possède plus de richesses que son père n'en avait *amassé*.

Nous n'étions pas entourés d'importuns laquais *épiant* nos discours, *critiquant* tout bas nos maintiens, *comptant* nos morceaux d'un œil avide, *s'amusant* à nous faire attendre à boire, et *murmurant* d'un trop long dîner.

EXERCICE 101e.

La nature s'est *plu* à doter la Grèce et l'Italie de dons à peu près semblables.

Mère désolée, l'aigle *privé* de ses aiglons remplit l'air de ses cris.

C'est une excellente personne, *excellant* surtout dans l'art délicat de faire du bien sans en avoir l'air.

Après la bataille de Cannes, il fut interdit aux femmes *même* de pleurer.

Il faut que ce (*soit* ou *soient*) la sagesse et la vertu, plutôt que la présence de Mentor, qui vous (*inspirent* ou *inspire*) ce que vous devez faire.

La mort est aussi naturelle que la vie : l'une et l'autre nous (*arrivent* ou *arrive*) sans que nous le sentions.

Nous sommes quelques jeunes gens qui nous (*partageons* ou *partagent*) tout Paris.

Comme Caïus Gracchus était près de sortir pour se rendre au forum, sa femme *tout* en pleurs courut pour l'en empêcher.

Ni l'aveugle hasard, ni l'aveugle matière
(*N'ont* ou *n'a pu*) créer mon âme, essence de lumière.

Il s'enferma pendant quelques jours, et ne voulut voir que moi, qui, me conformant à sa douleur (*paraître*, imparf. de l'indic.) aussi affligé que lui.

Il y a des personnes *dormant* d'un sommeil si profond que la foudre même *tonnant* ne les réveillerait pas.

Vous avez fait de grandes fautes, mais elles vous ont *servi* à vous connaître.

Tout est grand dans le temple de la Faveur, *excepté* les portes, qui sont si basses, qu'on n'y peut entrer qu'en rampant.

J'avais beaucoup d'affaires ; quand je les ai eu *terminé*, je suis parti.

C'est partout une idée confuse chez les hommes que les dieux (*sont* ou *ont*) descendu autrefois sur la terre.

Les aigles *porté* par les Romains à la tête de leurs armées étaient *fait* d'argent ou d'or, et *planté* au haut d'une pique.

Il faut rendre autant de cadeaux qu'on en a *reçu*. Dès lors, qu'est-ce que cette réciprocité de présents, sinon un gênant cérémonial ?

EXERCICE 102ᵉ.

Ce fabricant est devenu très-riche, quoique ne *fabriquant* que des objets communs et en apparence peu lucratifs.

Le peu de prudence que vous aurez *mis* dans une affaire vous la fera manquer.

Les *premier* orgues qu'on ait *vu* en France, furent *apporté* par des envoyés de l'empereur Constantin Copronyme au roi Pépin.

Les délices du cœur sont plus *doux* mais moins *vif* que *ceux* de l'esprit.

La nature, qui a donné la sagesse à l'homme, s'est *plu* aussi à instruire les animaux.

Les gens de mauvaise foi ont toujours été *regardé* comme de (*mauvais* ou *mauvaises*) gens.

Dites-moi *quel* gens vous fréquentez, je vous dirai *quel* gens vous êtes.

Quel délices sans *pareil* que de pouvoir faire le bonheur de quelqu'un !

L'office d'un gourmand et la bibliothèque d'un savant sont *spacieux* et bien *muni* de tout ce qu'elles comportent.

L'orgue de Saint-Eustache vaut-*il* l'orgue célèbre qu'*il a remplacé* ?

Charlemagne a gouverné avec gloire une des plus vastes monarchies qu'il y ait *eu* depuis l'empire romain.

Celui qui a reçu des services doit s'en souvenir ; celui qui en a *rendu* doit les oublier.

Au moyen âge, les foudres de l'Église étaient *redouté* autant que peuvent être *craint* les plus terribles foudres de guerre.

Il n'est pas permis à l'homme de quitter la vie sans la permission de celui de qui il l'a *reçu*.

Cette jeune fille est *un* enfant *doux* et *appliqué* ; et son frère n'est ni moins aimable ni moins studieux : leurs parents ne peuvent qu'être heureux d'avoir de tels enfants.

Nous tremblons à l'idée seule des révolutions, tant nous en avons *vu* !

Quoique vous ayez fait pour l'ingrat, vous n'aurez jamais assez fait.

Les excès abrégent la vie et font mourir (*plutôt* ou *plus tôt*) que ne l'aurait fait la vieillesse.

EXERCICE 103ᵉ.

Tel enfin triomphant de sa digue *impuissant*,
Un fier torrent s'échappe et l'onde *mugissant*
Traîne, en *précipitant* ses flots amoncelés,
Pâtre, étables, troupeaux, confusément roulés.

La vertu, aussi bien que la richessse (*sait* ou *savent*), rendre les hommes heureux.

La valeur, l'intrépidité de Turenne (*étonnait* ou *étonnaient*) les plus braves.

Les mendiants vont *nu-pieds* et les flatteurs *nu-tête*.

Une multitude de pillards *s'était répandu* dans les campagnes.

Nous nous défions de vos promesses, *tout* agréables, *tout* séduisantes qu'elles sont.

Il met dans tout ce qu'il fait un soin et une grâce *touchant*.

Les personnes que j'ai *entendu* blâmer les autres, se sont *entendu* blâmer bientôt par tout le monde.

Une foule de badauds et de curieux *s'était arrêté* devant ma porte.

Cette horloge sonne les heures, les *demi* et les quarts.

Quelque superbes distinctions qu'obtiennent les hommes, ils ont tous une même origine.

Elles se sont *ménagé* une entrevue où elles se sont *ménagé* mutuellement le plus qu'il leur a été possible.

De quel œil Dieu peut-il voir nos bras *fumant* de sang, nos plaines *regorgeant* de carnage ?

Il faut que nous *payons* tôt ou tard le tribut à la nature.

On les voit sans cesse *allant* et *venant*, mais *agissant* peu et *s'agitant* dans le vide.

Vous serez responsables des fautes que vous aurez *laissé* faire, pouvant les empêcher.

Quelque soient les avantages de la paix, il ne faut pas l'acheter par la honte.

Personne n'avait *cru* que le torrent aurait *cru* d'une manière si inquiétante, et l'on se croyait *sur* qu'il baisserait *plutôt* ou *plustôt* que de monter.

L'âge *mur* ne pense plus sur la plupart des choses comme pense la jeunesse.

FIN.

TABLE DES MATIÈRES

Analogie ou Dérivation............................

Formation irrégulière du féminin.....................

Masculin pluriel des adjectifs en *al*...............

Marque du pluriel dans les noms.....................

Nom propre et nom commun.........................

Nom composé....................................... 10

Nom collectif....................................... 12

Noms à deux genres................................. 13

Noms étrangers..................................... 16

Pronom personnel.................................. 18

Pronom relatif..................................... 19

Pronom possessif................................... 20

Pronom démonstratif................................ 20

Pronom indéfini.................................... 21

Accord de l'adjectif................................. 23

Adjectif possessif................................... 26

Adjectif démonstratif................................ 26

Adjectif numéral.................................... 27

Adjectif indéfini.................................... 29

Modes et Temps.................................... 33

Accord du verbe avec le sujet....................... 37

C'est, ce sont..................................... 38

Participe présent et Adjectif verbal.................. 40

Participe passé. — Règles générales.................. 43

Participe passé suivi d'un infinitif.................... 45

Participe passé du verbe unipersonnel................ 47

Participe passé précédé du pronom *en*............... 48

Participe passé précédé de *l'*....................... 50

Participe passé précédé de *le peu*................... 51

Participes *coûté* et *valu*.......................... 52

Participes *excepté, supposé*, etc.................... 53

Participes *entre deux que*. — Participes *plu, ri*, etc... 54

Récapitulation du participe passé.................... 55

Emploi des Auxiliaires..............................

Règles sur les verbes en *cer, ger, eler, eter, ier*, etc... 62

Mots invariables.................................... 67

Interjections....................................... 70

Euphonies... 71

Signes orthographiques..............................

Homonymes..

Récapitulation d'orthographe........................

FIN DE LA TABLE DES MATIÈRES.

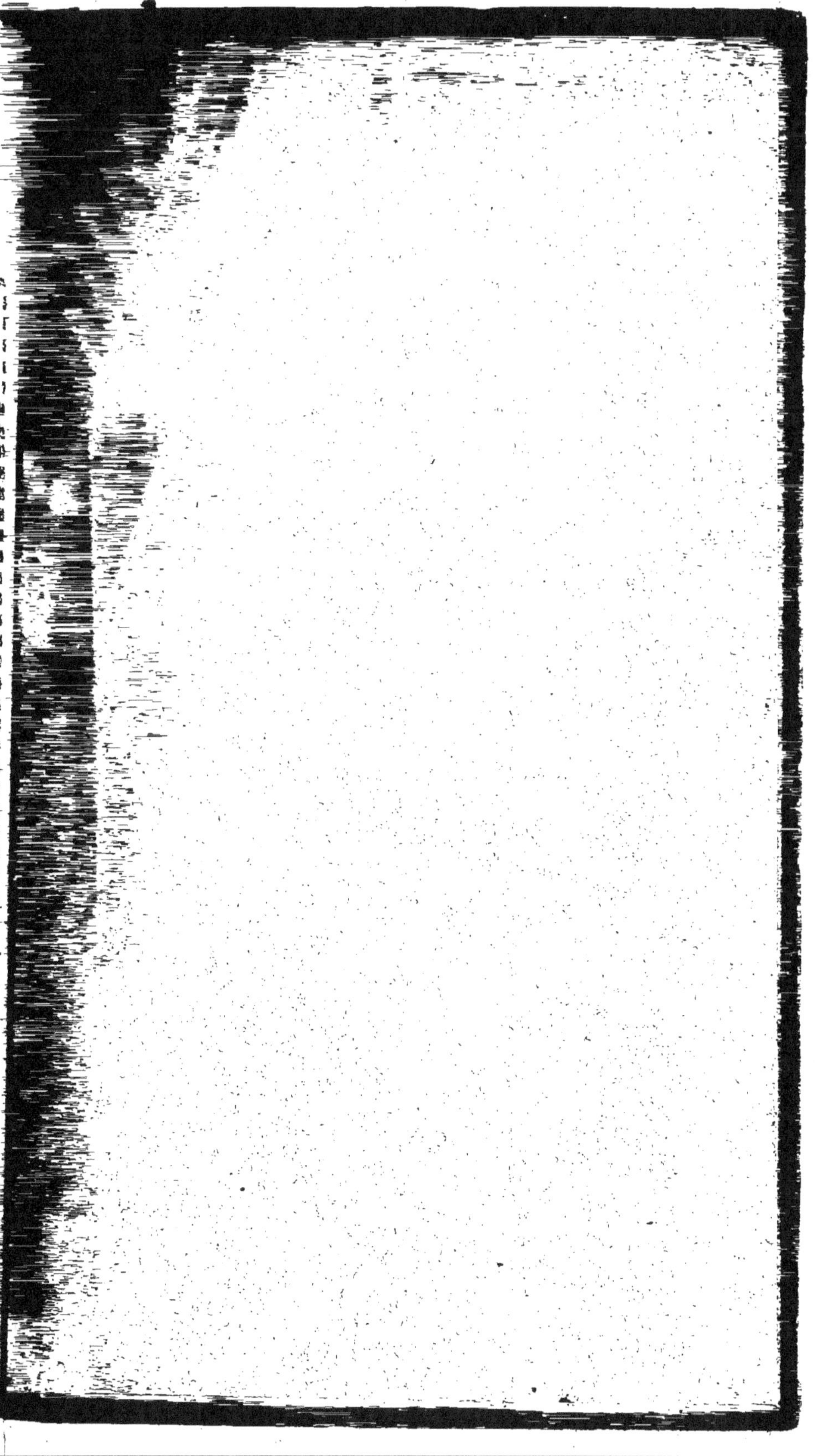